「最高のチーム」になる！

クラスづくりの極意

――ぼくら、先生なしでも大丈夫だよ

岩瀬直樹　著

農文協

子どもたちといっしょに、
温かい教室をつくりませんか？
公立の小学校でも、
工夫次第で
いろんな取組みが可能です

自分たちの教室を「学びやすく　生活しやすく　美しく」リフォームする

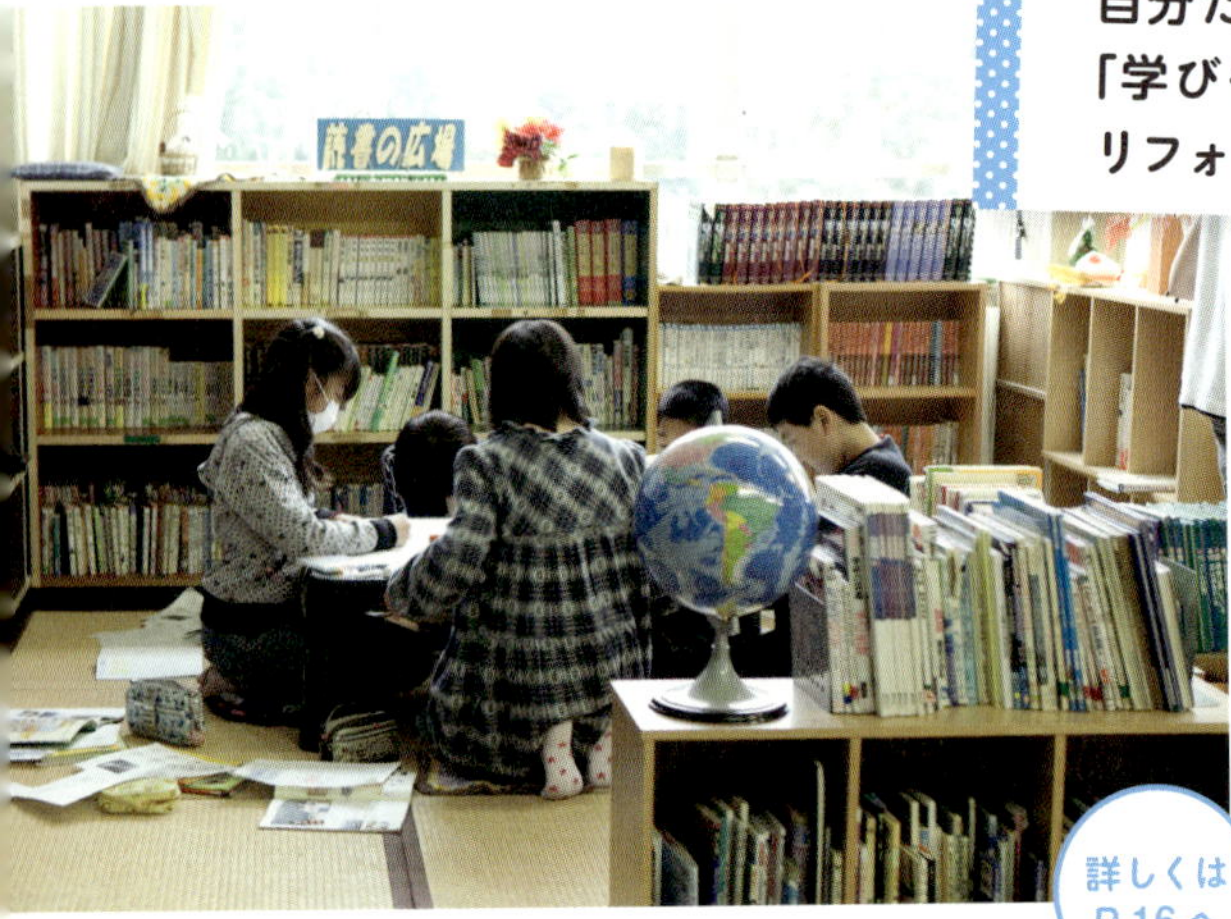

詳しくは
P.16へ

教室リフォームプロジェクト

教室を子どもたち自らがデザイン。「自分たちが主役のクラスなんだ！」という意識が強烈に芽生えます

［左上］ボクのクラスでおなじみ、畳の間。古本屋などで集めた本が約1200冊。読書や相談ごと、休憩など、いつも誰かが利用してます［上］ボクの机は教室後方、出入り口のすぐそばです

「やらされ」仕事のお掃除が、「自分で選んだ、やりがいのある」仕事になる

［上］女子トイレ。天井に輪飾りが！［右上］人気調査で「だい7い」だった個室。すべての個室に新しいトイレットペーパーを設置して、減り具合をしらべて順位づけしたのだそうです

詳しくは
P.21へ

お掃除プロ制度

掃除場所は立候補制で学期中の移動なし。工夫して早くきれいにするのが目標で、ディスプレイの変更もOKです！

話しあう友達の顔や
動きが見渡せて、みんなが
課題に向きあえる

詳しくは
P. 165へ

サークル対話

全員でお話するときは、サークルになって。
朝の会も日直が司会をする会議形式ではなく
お互いに顔を見あう形です

［上］朝の会。まずは、隣どうしで3分間、「昨日なにをした？」を聴きあう、「ペアトーク」から ［中］サークル対話で話題にしたいことは、このボックスに ［左］誰かが話をしている間、みんなは「好意的な関心の態度」で聴くように心がけます

感謝
自立アワー
・漢字 まとめまで
・作家
・読書

一日のはじまり、朝の会。
机をササッと移動して、
みんなでサークルになって

教科の時間も
子ども自身が学びあい
いっしょにカシコクなる

学びあい

詳しくは
P.87へ

みんなで達成する課題と目標を伝えたら、
子どもたちの活動タイム。
誰と相談してもOKで、協力して学びあいます

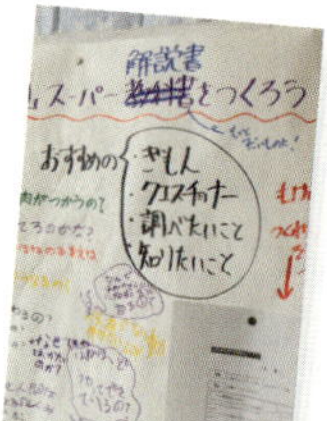

［上・中］4年生の理科。課題は、「人間の体の『ズバリ スーパー解説書をつくろう』」。「耳には筋肉があるの？」「ツメって骨なの？」と疑問がどんどんでてきます ［左］授業中は立ち歩きOKです。社会の教科書をじょうずに使っている子の情報が広がり、みんなが集まってきました

詳しくは
P.166へ

ホワイトボード・ミーティング

1つのテーマについて話しあい。
友達との意見の一致、不一致も見えてきて、
自分たちでトラブルを解決する練習にもなります

会話を深める
「オープンクエスチョン」で、
共感しながら話を聴く

［上］子どもたちが、ファシリテーター（進行役）1人とサイドワーカー（よき参加者）3人に分かれ、いまのクラスのいいところと課題について話しあっています　［左］ファシリテーターは、「どうしたの？」「というと？」「どんな感じ？」……と、オープンクエスチョンで会話を引きだします

**教室や体育館での冒険活動。
チームで協力することを
体験的に学ぶ**

プロジェクトアドベンチャー（PA）

詳しくは
P.47へ

PAの1つ、納豆川くだり。
納豆が流れるという仮想の川を
ゴムプレートに乗って全員が渡りきります

［上］男子も女子もいっしょになって、体を寄せあい、協力しながら川を渡りきる　［中］成功したら、みんなでハイタッチ！　［左］ふりかえりが大切。「チームワーク・チャレンジ・スマイル」というクラス目標を確認し、「全力で取り組めたか？」をふりかえります

はじめに

「学校って楽しい！」「学ぶって楽しいなー！」「このクラスサイコー！」「休みの日も学校にきたいよ！」そんな声があふれる教室ってステキだと思いませんか？

授業のなかや、日々の生活の場面のなかで、子どもたちが自分たちで考えて活動し、笑いあい、助けあい、支えあい、学びあえるクラス。

ボクはそんな「信頼」がベースとなるクラスづくりをめざして実践してきました。


ある年の六年生の卒業式の日。式が終わり、教室に戻ってきました。三〇分ほど時間があったので、みんなで丸くなって座って、一人一言ずつ話す時間をとりました。

「みんなのおかげで、本当に最高の一年だった。みんなありがとうね」。

「みんなが助けてくれたから、みんなが信じてくれたから、オレは変われたんだ。ほんとにありがとう」。

子どもたちがお互いに感謝の気持ちを伝えあう時間となり、温かな空気が流れました。

が、ちょっと待てよ。「おいおい！　ボクに対しての感謝とかお礼とか、そういうのないの？」。大人げなく、思わず口走ってしまいました。

「だってこのクラスつくったのオレたちだよ」。

「イワセンはケーキでいうと土台のスポンジをつくってくれたんだよ。それに一生懸命きれいにデコレーションして、ケーキに仕上げたのは私たち！」。

ボクの仕事はこれだ！　と確信した瞬間でした。「来年も最高のクラスつくるからね！」「イワセンいなくても大丈夫だよ。オレたちやれるから！」。そういって旅立った子どもたち。「信頼」というクラスのベースをつくること。そうすれば子どもたちは自分たちでクラスを創り、学び、成長できるんだ。

＊

子ども時代は一回しかありません。だからこそ、子ども時代を幸せに過ごしてほしい。一番長い時間を過ごす学校こそ、子どもたちの幸せの場になってほしい。クラスが学ぶ楽しさ、あそぶ楽しさ、仲間と過ごす楽しさを思いっきり実感できるチームであってほしい。この本では、クラスがそんな最高のチームになるためにやっていること、大切にしていること、そしてボクの失敗談を含めた歩みをまとめました。

そう、ボクもそんなクラスづくりが最初からできたわけではありません。詳しくは本文にゆずりますが、若いころはカリスマ先生になりたくて、オモシロ授業でどんどん子どもたちを「ひっぱろう」として反発されたことも。悩んで夜も眠れない、なんてしょっちゅう……。でも、子どもたちを自分好みに「変えよう」としていたころは、結局うまくいきませんでした。

たくさんの試行錯誤を積み重ね、たくさんの失敗を積み重ね、気づいたこと。それは一番大切なことは、ボク自身が変わっていくこと。成長し続けること。子どもを信頼すること。遠いようで一番の近道はボク自身が変わっていくこと、でした。そうすることでクラスも少しずつ変わっていきました。そしてここにたどり着いたのです。

学校で働いているみなさん、家庭で子育て中のお父さん、お母さん！　この本を読むすべてのみなさんに伝えたいです。ボクたちには力がある、と。ボクたちは子どもたちと「最高のチーム」を創ることができます。その一歩を踏みだすエネルギーに、この本がなれば……。そして子どもたちの幸せにつながってくれると、ボクはとってもうれしいです。

岩瀬直樹

Contents

第1章 サイコーのクラスのつくり方

[写真でみる]

第2章 子どもが主役の授業づくり

第3章 がんばらなくてもいい、仕事の仕方

Contents

第1章

サイコーのクラスのつくり方

劇的ビフォーアフター

教室リフォームプロジェクト

居心地よい教室へと自分たちでリフォームする

授業参観の前になると、放課後にバタバタと一人で教室を片づけている先生の姿……。そんな光景によく出会いますが、ボクも以前はそうでした。子どもたちに「手伝って！」といっても動きはよろしくなく。それでイライラして怒鳴ってしまったり、放課後遅くまで残って一人で教室を片づけたり、掲示物を貼ったり。

でもある日、ふと思ったのです。「なんで子どもたちが生活する教室なのに、ボクだけががんばっているんだろう」と。そこで思いついたのが、教室リフォームプロジェクト。いまではボクが毎学期、一番大切にしている活動の一つです。自分たちの教室を「学びやすく★　生活しやすく　美しく」リフォームするというのが目標で、自分たちの学校生活にオーナーシップをもつ、大切な活動に位置づけています。

「いまから教室をリフォームしたいと思います。テレビで『ビフォーアフター』って見たことある？　そう、あのリフォームの番組。あれみたいにこの教室を自分たちが学びやすく、居心地がよく、使いやすい教室にリフォームしてほしいんです。どんなコーナーがあったら教室が過ごしやすく楽しくなる？」。

★オーナーシップ
自分が「オーナー＝持ち主」であるという意識。その場の主人公は自分だと感じ、自分できめて、自分で行動し、自分で責任をとろう、と思える。一言でいうと「当事者意識」ですねたとえばこんなアイデアがでました。

本コーナー、生き物コーナー、文房具コーナー、ゴミ分別コーナー、掃除用具コーナー……。このときに担任からの希望もいいます。担任もクラスを構成するメンバーの一人だからです。

次に、「どこをやりたい?」とたずねて、おおよその分担をきめます。

「自分たちのアイデアで自由にやっていいよー! ただ、先生にも希望があるので、ちゃんとインタビューにきてね。思いっきり力を発揮してください!」と話しておけば、教師の希望も取り入れられます。ボクの場合は毎年、「畳をおく」という注文をだしてます。このスペース、図書コーナーになったり、係の相談に使ったりとてもいいんです。学校の常識からは「??」かもしれませんが、だまされたと思っておいてみてください(じゅうたんやマットでもOK!)。

当初、周りの先生の反応は「変わったことやってるなー」という感じでしたが、三年目ころから「こういうスペースいいね!」と何人かの先生がマネをしてくれるようになりました。現任校でも複数のクラスでこのコーナーをつくっているくらい人気なんです。

★学びの環境のデザインに子どもたちも参加する。これってとても大切なことです。

教室をリフォームするべく、クッションやカバーを作製中です

★学びの環境
オランダの公立学校で広がっているイエナプラン教育の教室は、まるでリビングルームのよう。自立性と共同性をはぐくむためにデザインされています

教室レイアウト大公開！

いいクラスをつくるには、いい教室から。
こんな教室にリフォームしました

先生の机

ここのほうがドアが近くてみんなの出入りがよくわかるし、身近な感じがするから

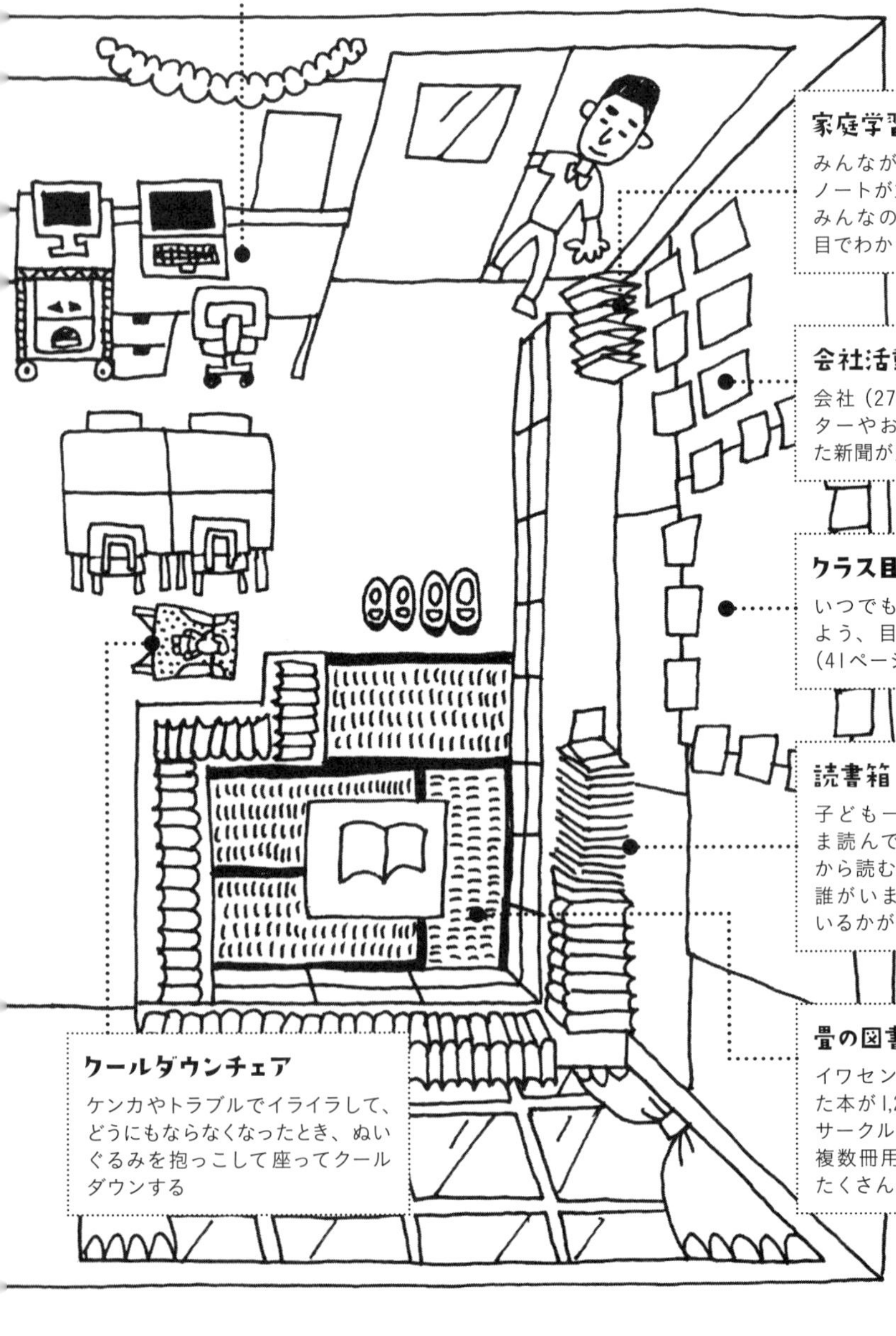

家庭学習ノート

みんなが家でやってきたノートが並ぶ（99ページ）。みんなの努力の成果が一目でわかる

会社活動コーナー

会社（27ページ）のポスターやお知らせ、つくった新聞が貼ってある

クラス目標

いつでもふりかえられるよう、目立つ場所に掲示（41ページ）

読書箱

子ども一人ひとりが、いま読んでいる本や、これから読む本を入れておく。誰がいま、なにを読んでいるかが一目でわかる

畳の図書コーナー

イワセンがこれまで集めた本が1,200冊並ぶ。文学サークル（79ページ）用に、複数冊用意している本もたくさん

クールダウンチェア

ケンカやトラブルでイライラして、どうにもならなくなったとき、ぬいぐるみを抱っこして座ってクールダウンする

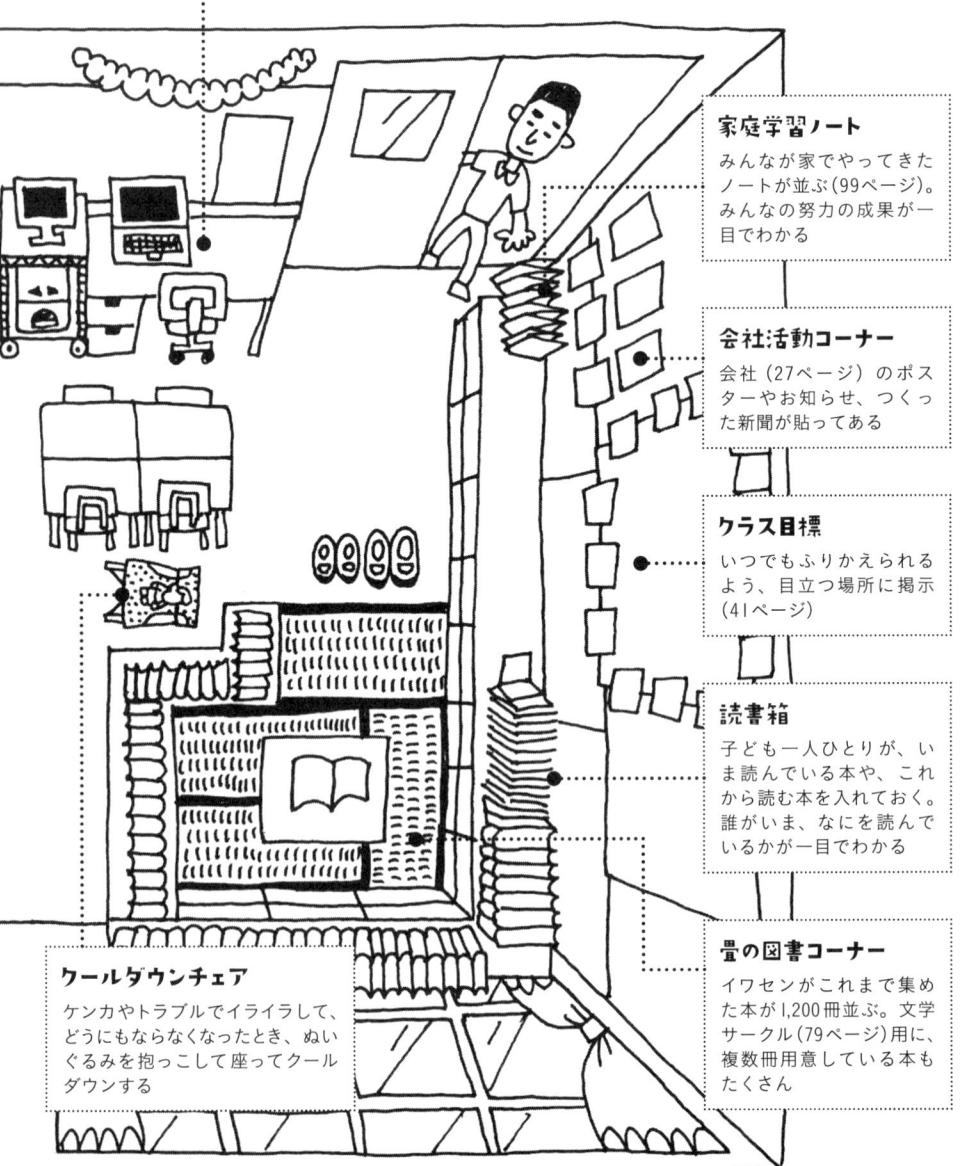

作家コーナー

授業で作文を書くときは、作家になりきる。創作意欲をかきたてる、いろんな種類の作文用紙などの小道具がそろっている

学習プリントコーナー

漢字や計算など、自分がすすめるためのプリントが全員分入っている

学習掲示コーナー

学習のすすみ具合がわかる一覧表や、学んだことが一目でわかるポスターが貼ってある

机の配置

子どもどうしで勉強や話しあいがしやすいような形。席替えは月に一度、完全くじ引き制

小さく集まるコーナー

ウレタンのマットに、廃園になった幼稚園からもらったテーブルを設置。畳コーナー同様、勉強・あそびに大活躍

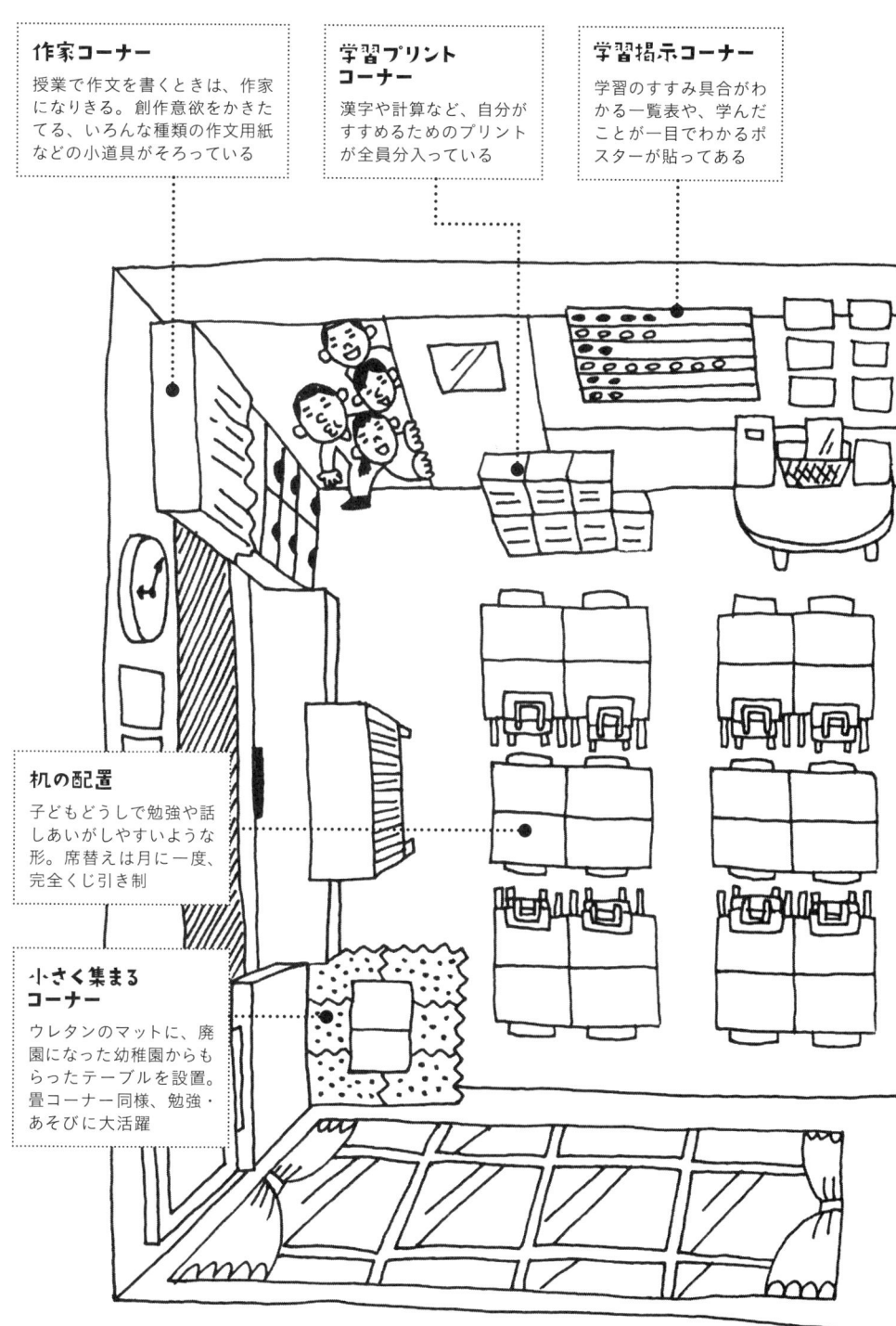

子どもはやる気満々、教師はとってもラクになる

この活動、教室という自分たちの学びの場を自分たちでデザインすることで「今年は自分たちが主役のクラスなんだ！」「自分たちがこのクラスを創っていくんだ！」という前向きな気持ちが芽生えてきます。また、自分たちで創りあげた教室なので、その後の管理や改善、掃除もとても主体的になっていくのです。

やってみると感じられると思いますが、子どもたちの集中力と熱中度は本当にすごく、とても楽しそう！　一時間たつと、「もっとやりたい！」「家から布もってきたいので、明日もう一時間とって！」ととどまるところを知りません。意味を感じる活動に子どもたちは本気になる、ということを実感します。

いまでは授業参観の前だって、「お客さんを迎える前に教室をきれいにしよう」と子どもたちに投げかけるだけ。自分たちの教室！　と思っているのでてきぱきと片づけてくれます。子どもはやる気満々、教師はとってもラクになります。

もし興味をもっていただけたら、ぜひやってみてくださいね。畳がなくたってできますし、思い立ったらいつからでもスタートできます。たまに「見直し&改善」★の時間をとると、年間をとおして教室環境が進化していきますよ。

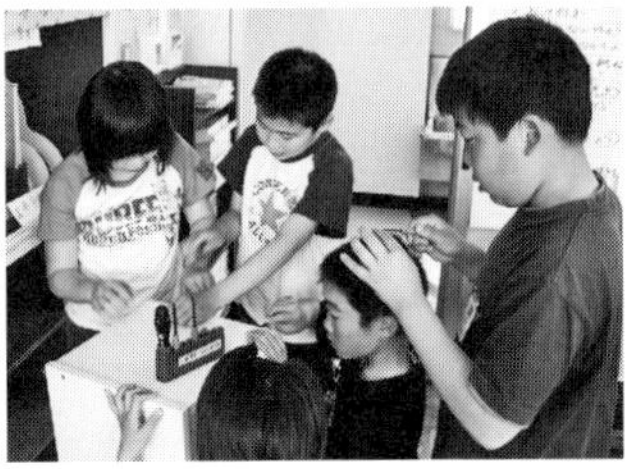

カラーボックスを組み立てて整理棚をつくってます

★「見直し&改善」
「使いにくかったところはない？」「もっと使いやすくするためのアイデアは？」と質問して意見をだしあいます

自分で工夫できれば楽しくなる！

お掃除プロ制度

〈掃除＝羽を伸ばす〉時間!?

ボクはかつて清掃の時間がこわくてなりませんでした。

子どもたちはまじめに掃除をしてくれません。おしゃべりをしてさっぱり働いていない子、ほうきをふり回す子、雑巾を投げている子……。なかにはほうきでアイスホッケーをしている子も……。

そういえばボクも子どものころやった記憶があります。人のことをいえないなあと、内心ひそかに思いつつも、ボクは各掃除場所を見て回るたびに、「マジメにやれー！」と口酸っぱく注意することになります。ボクが通りかかると、「やばい！」みたいな顔をして突然掃除をやりだすのですが、ボクが通りすぎると、またサボりだす。ボクが見ているときだけやっている「ふり」をするだけ……。完全に羽を伸ばす時間になってしまっていました。

マジメにやっている子もいるのですが、ふざけている子の陰に隠れてしまって、その子たちのがんばりが評価されません。

職員室に戻ると、「岩瀬さん、また岩瀬さんのクラスの子が掃除時間にあそんでいたので、指導しておきました！」と苦情を受けることになります。教室に戻って「○○先生が怒っていたぞ！」とまた説教。数日はマジメにやるのですが、またもとどおり……。

結局、一生懸命やっているのは数人の子と先生だけ。説教をして歩くことにも疲れて見て見ぬふり。なぜこうなっちゃうんだろう……。

育児休業中、毎日家事をしてみて気がついた

その問題が解決したのは、こんなできごとからでした。

ボクは一年間、育児休業をしたことがあります。そのとき毎日、炊事、洗濯、掃除とはりきってやっていました。以前は妻に「掃除やっておいてね」といわれると「休みの日ぐらいのんびりしたいよ……」と内心思いつつイヤイヤやっていました。でも育休をとって自分の仕事になってから意識が変わってきたのです。

「よし！　今日は居間をピカピカにして、妻をおどろかせるぞ！」ときめて、雑巾がけ、ワックス、テーブルや椅子の汚れまでとってピカピカに。どんどんきれいにしたい！　なんていう欲求が生まれてきて、キッチンまできれいに掃除しちゃいました。

「うーん、われながら美しい部屋だ」と妻の帰りを心待ちにしていました。妻が帰ってきて「どうしたの？　スゴイきれい！　ありがとう‼」なんていわれると、うれしいやら照れくさいやらで、「イヤ、きれいなほうがオレも気持ちがいいからさ。明日は物置を整理してみるね」なんてつい口走ってしまったり。

ホームセンターに買い物に行っても、「あ、この掃除道具便利そう。使ってみよう！」なんて、

教室前の廊下。人数が少なくても平気！　その分がんばって、いつもピカピカ

清掃コーナーを見るのが楽しくなったりもしました。家事がチョットずつ楽しくなっていったのです。

掃除も自分でいろいろ工夫していくと楽しくなっていく……。そうか！　子どもたちも同じだ！　自分で工夫してやれれば楽しくなるにちがいない！　そしてそれが認められたり、自分たちが気持ちよかったりしたら、どんどんやる気になるにちがいない！

「やらされ仕事」から「自分で選んだ仕事」へ

一年間の育休を終え、ボクは学校に戻りました。そこで思いついたのが、お掃除プロ制度でした。

お掃除プロ制度とは、一人ひとりが掃除のプロになってやる活動です。自分が「やってみたい！」「ここのプロになりたい！」と思う掃除場所に立候補し、一学期間同じ掃除場所を担当してプロをめざします。子どもたちは、お掃除のプロ「ダス◯ン」よろしく、早く、ていねいに、キレイにするプロをめざして工夫して取り組みます。

この立候補、というのがポイント。自分で選ぶ、ということがかなり決定的に重要です。「やらされる嫌な仕事」から、「自分で選び、プライドをもって積極的に取り組む、やりがいのある仕事」へと価値観がコロッと変わります。

くどいようですが、自分で選ぶというのは本当に大切だと、子どもたちのようすを見て実感します。人数は、たとえば「教室は八人ぐらいいるといいなぁ」という目安は一応伝えますが、

女子トイレ。自分たちで作成した当番表と、お掃除のポイントが貼りだされています

こだわりません。それよりも「選ぶ」＝「責任をもつ」ことを優先するほうが経験上いいみたいです。それに、少ない人数のほうが一生懸命やることも多い。いままで教室の最少人数は五人でしたが、それはそれはみごとな掃除っぷりでした！

掃除場所を自分たちなりに工夫していい

受持ちの掃除場所がきまったら、自分たちで掃除の方法を工夫して、早くキレイにするのを目標にします。

ボクの仕事は育児休業のときの妻のように、「すごいキレイ！」「ありがとう！　気持ちいい場所になったよ！」「汗をかいてやっている姿を見るとなんだかボクまでうれしくなっちゃうよ」と、具体的な事実と、ボクが感じたことを伝えること。掃除場所を「見張り」にいくのではなく、いいところを「見つけ」にいって、いっしょによろこぶ、というのがいいみたいです。だってうれしいですよね！　子どもたちが一生懸命やっている姿を見るのって。

掃除にとどまらず、その場所を「自分たちで変えてよい」というルールもつくります。たとえば、トイレをディスプレイしたり、掃除用具を工夫したり。

これを取り入れることで、一気に自分の掃除場所への愛着が生まれてきます！「私の掃除場所」という愛が生まれるみたいです。時間前から掃除場所に向かう子もでてきます。

とはいえ、どんなにやる気になって掃除に取り組みはじめても、やっぱり中だるみはしちゃいます。そんなときは、★Tチャートでふりかえりを行ないます。ふりかえりは「よかったこと」

こわれていたドアノブを自分たちで修理。さすがプロです！

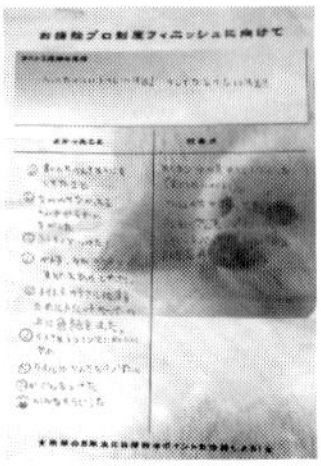
★Tチャート
Tの字を書き、上にタイトル、右と左にそれぞれ比較したいものを書きます。「よかったことと改善点」「賛成と反対」「メリットデメリット」「長所短所」など。二つのことの比較を可視化できて便利

と「改善点」に分けて話しあって書きます。その紙は掃除場所に貼っておき、いつでも意識することが大切。

反省ではなく、よかったこと、どうすればもっとよくなるか、というポジティブな面、未来にスポットライトを当てるのが大切です。

「反省会」ではなく「ふりかえり」です。

お掃除プロの五年生に、三年生が弟子入り!

子どもたちは、家庭科の時間に調べたミカンの皮を使ったオリジナル洗剤を活用したり、掃除用具入れを整理したり、トイレの入り口にのれんをつくったりと、さまざまな工夫をしていました。

ある年にはこんなことがありました。ボクが担任した六年生が卒業して数ヵ月たったある日、子どもたちがかつて掃除していた掃除場所にふといってみると、掃除用具箱のなかになにか紙が貼ってありました。「なんだろう?」と思って見てみると、なんと、「ここの掃除場所になったみなさんへ」という題名とともに、自分たちがやってきた掃除のやり方のマニュアルが書いてあったのです。このプロ意識にボクは脱帽しました。

最近はこんなこともやってみました。お掃除プロ制のバージョンアップ版、異学年お掃除プロ制へのチャレンジです。三年生の担任と相談して、ボクのクラスの五年生に三年生が「弟子入り」。二週間限定で、いっしょに掃除をして、三年生は五年生のプロから掃除の仕方、取り

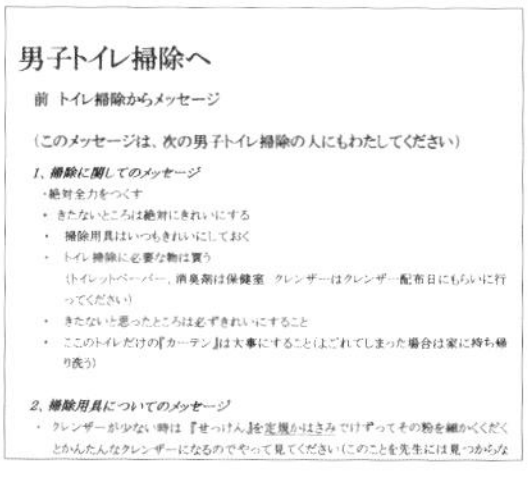

男子トイレ掃除へ

前　トイレ掃除からメッセージ

(このメッセージは、次の男子トイレ掃除の人にもわたしてください)

1、掃除に関してのメッセージ

- 絶対全力をつくす
- きたないところは絶対にきれいにする
- 掃除用具はいつもきれいにしておく
- トイレ掃除に必要な物は買う
  (トイレットペーパー、消臭剤は保健室　クレンザーはクレンザー配布日にもらいに行ってください)
- きたないと思ったところは必ずきれいにすること
- ここのトイレだけの『カーテン』は大事にすることはごれてしまった場合は家に持ち帰り洗う)

2、掃除用具についてのメッセージ

- クレンザーが少ない時は『せっけん』を定規かはさみでけずってその粉を細かくくだくとかんたんなクレンザーになるのでやって見てください(このことを先生には見つからな

男子トイレの引き継ぎ書。「クレンザーが少ないときは、せっけんを定規かはさみでけずって粉をくだく(先生には見つからないように注意)」といったコメントも

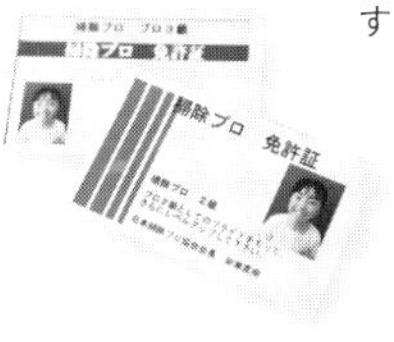

お掃除プロ2級の免許証。「時間内にピカピカにする」「掃除の仕方を工夫している」「汗がでるほど動き回る」など、「審査の基準」は子どもたちと相談してつくります

組む姿勢を身近で感じながら学んでいます。これがおもしろい!! 最後には「掃除プロ検定試験」をします。五年生が審査員。わんぱくな三年生たちの真剣な表情たるや、見ていてドキドキしちゃいます。「評価会議」を開く五年生たちの議論も真剣そのものです。

最終日、「三年生だけでやるようになっても、いまみたいにプロらしく掃除するんだよ」なんてアドバイスしているボクのクラスのわんぱく君の姿を見ると、なんだか抱きしめたくなっちゃいます。

係活動を「事業仕分け」したら……

係ぎめ、どうしてますか？

新学期になると、席替えや掃除ぎめとともに、多くの教室で定番になっているのが、「係ぎめ」です。みなさんの教室にはどんな係がありますか？

係活動をきめるときって、ちょっと子どもたちも楽しそう。自分で仕事を選べるっていうところがきっと魅力なんだと思います。何度も書いていますが、「やらされる」より「自分で選ぶ」ってとっても大切なことです。

だがしかし、はりきって選んだ係なのに、ちょっとすると仕事が停滞するところと、そうでないところに二分化します……。「新聞係」は毎週発行。「今度はクラスの漫画載せようよー！」「先生にインタビューしよう！」なんて新しいアイデアが次々にでています。「創造的でやっていて楽しい仕事」です。「生き物係」の子たちも、家からザリガニやらカニやらもってきて楽しそう。

いっぽう、「配り係」はその日のプリントを配るだけ。「窓係」は窓の開け閉め……。あまり工夫の余地もなく、どちらかといえば「日々やらなくてはならない仕事」です。

なんだかちょっと違和感あるなー、と思っていました。選んだ内容によってずいぶんちがいがあるんです。「やりたいことがやれる仕事」と「当番的な仕事」が混在しているんですよね。

よく考えると学校のなかって、給食当番とか、日直とか、掃除とか、「やらなくてはならない仕事」がたくさんあるんですよね。これらの仕事って一つ間違えると「やらされ仕事」になってしまい、子どもたちは忘れてしまったり、サボったりしちゃう。それをボクが注意して歩く。そんな悪循環を生むもとだったりします。

思い切って「事業仕分け」してみた

そこで、考えました。

「新聞係とか、生き物係などは、子どもたちが楽しそう。きっと創造的だし、いろいろ工夫できるからだろうなあ。じゃあいっそ、係活動はそういう仕事だけにしちゃえばいいのでは！」。

そう、「係活動」のうち、やっていて楽しくて、創造的な仕事だけをやればいいんだ！　そうしてはじめたのが「会社活動」です。「会社」という名前にしたのは、いままでの係活動とはちょっとちがうぞ！　ということを伝えたかったのと、なんとなく本物っぽくて自分たちがやりたいことを責任をもって立ちあげる（起業!?）、あるいはクラスの役に立つ「生産的な仕事」というイメージがあったからです。

それからは、毎年、学期はじめになると、席替え、お掃除プロ制度とともに、この「会社活動ぎめ」がクラスのメインイベントの一つになりました。会社活動の内容をきめるポイントは大きく分けて二つあります。

point 1 楽しくて生産的なことに限る！

どんな会社を立ちあげるか？　まずは、楽しい！　と思える内容のものを。といっても子どもたちは、ずっとふつうに係活動をやってきているので、なかなか思いつきません。そこでこんな話をします。

「イワセンのいままでのクラスではねえ、こんな会社があったよ。生き物会社は、セキセイインコをもらってクラスで飼いはじめてね、なんとか言葉を覚えさせようと本で調べたりしながら、チャレンジしてたよ。そのインコはクラスのアイドルになってみんなでかわいがったんだ！」「農園会社ってのもあったなあ。畑を借りて自分たちで野菜をつくって、できた野菜で収穫パーティーをやったんだよ！　焼きイモおいしかったなあ」。こんな調子で、魅力的な活動を紹介し、「係＝分担されたクラスの仕事」というイメージをむりやりこわしちゃうのです。

point 2 クラスや学校の役に立つこと

いくら楽しいこと、といっても「自分たちだけ楽しいこと」ではダメ。その活動が、「クラスや学校の人たちの役に立ったり、笑顔につながったりすること」が大切です。

子どもたちがあれやってみたい！　これやってみたい！　と思いを巡らしはじめたら、新しい会社の内容を発表しあい、仲間を募ります。せっかく学校にきているのですから、最低でも

こんな会社ならOK

- 花壇で花をそだてるフラワー会社
- クラスに必要なものをつくる大工会社
- 教室をきれいに飾るインテリア会社
- クッションやカバーなどをつくるさいほう会社

こんな会社はNG

- TVゲーム会社
- いたずら会社

自分たちだけ楽しいのはダメ。会社って社会の役に立つのが大切！　と話します

二人以上、四人がベストだよ、とも話します。友達と相談したり、協力したり、ときにはもめたり、という時間がとっても大切だからです。

では、従来の係にあった「電気係（電気をつけたり消したり）」「黒板係（黒板を消す）」「プリント配り係」なんていう当番的な仕事はどうしたらよいのでしょう？ 苦肉の策として、ボクのクラスでは「ちょこっとボランティア（通称、ちょボラ★）」というのがあります。クラスになくてはならない仕事をみんなでだしあって、立候補制で担当するのです。ちょこっとだけクラスのために奉仕する仕事。必要そうなのに誰も立候補しない場合もありますが、まあ、誰もいなくてもOK。生活していて不都合が生じたら、そのときにみんなで考えればいいのです。

大工会社は校務員さんに弟子入り！

ある日の朝、教室に向かうと、トンカチの音が聞こえてきました。今日も隣の空き教室で大工仕事に励んでいる子どもたちがいます。「大工会社」の子たちです。のぞいてみると鳥の巣箱をつくっているそう。なんでも学校に野鳥を呼ぼうとしているらしいのです。

「おはよう！」。教室に入っていくと、文鳥の小屋の掃除をしている子、畳コーナー用のクッションをつくっている子、それぞれいろんな活動をしています。壁を見ると、春バージョンの飾りつけをしている子たちがいます。色画用紙でつくった桜を貼っています。「インテリア会社」のみなさんです。朝自習や学活の時間、休み時間にもはりきって活動しているんです。

さて、ボクのクラスの大工会社。保護者のみなさんに、「あまっている木材募集！」という

★ちょボラ
東京で先生をしている、友人の甲斐崎博史さんからいただいたアイデアです

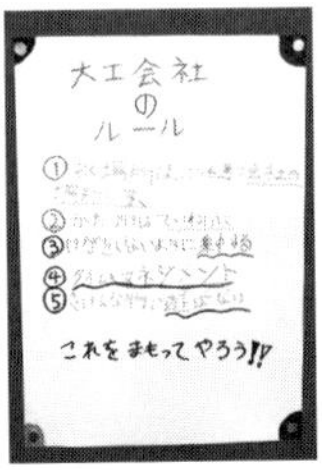

大工会社のポスター。①おく場所はいつもどおり、会社の場所に、②片づけはていねいに、など自分たちでルールをつくって運営

チラシをつくって木材を集め、椅子づくりに励んでいました。だがしかし、のこぎりや金槌などを使ったことがなく、なかなかうまくつくることができません。ボクもはっきりいって自信がありません。大工道具でケガをしても困るしなあ……。そこでふと思いつきました。「校務員さんの大沼さんがいた!!」。

大沼さん、大工仕事が大の得意です。「大沼さんに弟子入りしてみてはどう?」と子どもたちに提案すると、すぐに職員室に飛び込んでいきました。

無事に弟子入りして、道具の使い方がうまくなったころ、大沼さんから「学校に巣箱をつくりたいんだけど、みんなでつくらない?」と仕事の依頼がありました。「やる!」即答です。そしてこの原稿を書いている前日、できた巣箱を無事、木にとりつけました。

子どもたちにとって、先生以外のいろいろな「大人」に触れることってとっても大切です。せっかくの子ども時代、大人のモデルが「親」と「先生」だけというのはあまりにももったいない。いろいろな魅力をもった大人とかかわるチャンスをたくさんつくりたいなあと思います。それにはこの会社活動はうってつけ。最初から外部の方でなくとも、校務員さんや調理員さんなど学校にはステキな大人がけっこういらっしゃいます。

もめごとこそ、成長のチャンス

会社活動をしていると、当然、いろんなもめごとや悩みも起きます。たとえば、ハムスター会社。クラスでハムスターを飼っています。飼いはじめたのはいいのですが、土・日や夏休み

学校にいるステキな大人たち

●配膳員さん、事務員さん、読み聞かせボランティアの保護者の方など

に学校においておくわけにはいきません。でもそこまで考えていなかったので大騒ぎ！
「○○預かってくれる？」「えーーーー！　私、預かれない！」「私もムリ」「どうする？　イワセンに預かってもらおうか」。ボクはつれなく返事します。「それはボクの仕事じゃないよ。みんなでどうすればいいか考えてね」。

そこから侃侃諤諤《かんかんがくがく》の話しあいがはじまります。「私の家、動物ムリなんだよねー」「そんなの無責任だよ！」「しょうがないじゃない！」。

でも、お互いを責めあっていてもなにも解決しません。そこで大切なことは、未来を問うこと。「どうすれば解決できるか」に焦点をあてることです。そこであれやこれやと考え、試して、ダメだったらまた話しあい、試してみる。もめごとこそ成長のチャンス！　と思って見守るようにしています。もちろん、これは大変！　というときは介入しますが……。

ハムスター会社、いろいろ悩んだ末に、こんな解決策を考えました。預かれそうな新たなメンバーを募ること。「飼い方」のレシピをつくって預かりやすくすること。もう一度、一人ひとり家庭で交渉して、一学期分の「預かりカレンダー」をつくって予定を立てること。どうしてもダメな日程は先生に相談すること。うーん、すばらしい！　ちなみに、ボクが預かったのは一年間でたったの一回だけでした。

この会社活動やお掃除プロ制度、教室リフォームなどを行なうことで、「自分たちの生活を楽しくするのは先生ではなく自分たちなんだ」という主役意識が生まれはじめます。クラスがどんどん変わっていくと実感できる瞬間が、たくさんあることが大切です。

校務員の大沼さんに弟子入り！
寸法のとり方からのこぎりの使い方まで手ほどきを受け、巣箱製作にチャレンジです

大沼さんといっしょに、校庭の5ヵ所の木に登り、完成した巣箱を設置しました

巣箱設置後、大工会社のメンバーが勢ぞろい。みんなで協力して、いい仕事をしました

休み時間の人気ナンバーワンあそび、Sケン

痛い！　激しい！　だから楽しい！

ボクのクラスで毎年、休み時間の圧倒的人気ナンバーワンのあそびが、「Sケン」です。全国にさまざまなローカルルールがあるようですが、ボクは39ページのようなルールでやっています。

このあそびはとても激しいです。ケンケンとはいえ、全力で相手とぶつかりあったり、ひっぱりあったり。TVゲームやカードであそび慣れている子たちにとってはビックリ仰天。最初は泣く子続出。でも燃えるんです！　おどろくほど盛りあがります！

ボクは四月の最初の体育で、二時間くらいかけて、やり方を教えます。すると、すぐに子どもたちは休み時間にもやりはじめます。最初の数回はボクもつきあいますが、「そろそろ自分たちでできるなー」と判断したら、そっとフェードアウト。

合法的に身体接触できるあそび

このあそび、なぜこんなに子どもたちが熱くなるのでしょうか。なんといっても、カラダを思いっきり使えることが一番です。思いっきり押したりひっぱったりなんて、いまの子どもた

ちの日常からほとんど消えてしまっています（悲しいことですが）。そして、相手の宝をとるためにヒソヒソと作戦を立てたり、友達と自然と協力しあえるようになるのもうれしい。

ボクにとっては、合法的にみんなが身体接触してあそぶ、という点が気に入っています。不思議なもので、身体的な距離が縮まると、子どもたちって前よりもずっと仲よくなっていくんですよね。

これって、きっと多くの人が思っている一〇倍ぐらい大切なことじゃないかと思っています。だからボクにとっては、クラスづくりに欠かせないのです。

最低限のルールをきめる

Sケンのような群れあそびの経験がない子たちのために、こんなルールをきめています。

◆最初の数回以外、先生は審判をしない。自分たちで審判（セルフジャッジ）をする。
⇒やがて学校以外の場所でもあそべるようになるように。
◆ツメを立てる、殴る、けるなどしない。
◆もしわざとじゃなくても相手がケガをしたり、痛がっていたりしたら、責任をもって見届ける。ケガをさせちゃったら、謝って、保健室にいっしょにいく。
◆解決できないトラブルのときは、全員ストップして解決法を考える。
◆危険なので、背後からの不意打ちはしない。

とはいっても、はじまってしまうと「野性の血」が騒ぎ、激しいバトル！　当然、泣く子がでたり、ヒザをすりむいたり。突発的にケンカも起きたりします。こんな激しいあそび方、したことないわけですから、当たり前といえば当たり前。

トラブルこそがチャンス！

でもそれって、じつはチャンスなんです。

そんなとき子どもたちは、リアルな人間関係に向きあいます。本気になり、夢中になっているからこそ、「生の自分」がでてきます。思いっきり押したら相手が倒れて泣いてしまった。場が一瞬止まり、泣いている子の周りに集まってきます。


「○○あやまれよー！」

「だって、向こうだって押してきたんだぞ！」

「でも泣いてるじゃん。やりすぎなんだよ！」

「おれが悪いのかよ!!」

「ちょっと落ち着こうぜ。あそびなんだからしょうがないよ」

「△△、大丈夫？」

「……うん……」

「続けられる？」

「……傷口洗ってから、また入る」
「じゃあ水道までついてくよ」
「○○、ちゃんとあやまれよなー！」

こんなやりとりが起こります。そのときに謝れなかった○○も、あとで教室に帰ったときに、密かに謝ったり。

最初は解決法がへたでも、少しずつじょうずになります。こういうことって体験的に学ぶよりほかはありませんが、いまの子たちの日常には、体ごとぶつかって、本気で向きあうチャンスがありません。だからこそボクはできるだけそっと見守るようにしています。

そして、じょうずにトラブル解決できたときに、「おお！　みんな解決がうまくなったなあ！もうボクがいなくても、自分たちでやっていけるね！」と、静かにフェードアウトしていくのです。

＊

Sケンは、群れあそびの楽しさを知らない世代だからこそ、経験してほしいあそび。

「イワセンもおいでよー」「よおし、じゃー、久しぶりにみんなをぶっ飛ばすかなー！」と、ボクも思いっきり子どもに戻れる瞬間です。

出入口
安全地帯
（ここでたたかってはダメ！）
おべんじょ
白チームの
陣地
宝物
出入口
安全地帯
安全地帯

クラスで「Sケン」をやってみよう！

ルールは簡単。相手の宝物を先にとったほうが勝ち。
思いっきりカラダをぶつけあうので、「野性の血」が騒ぎだします

Sケンのルール

1. 2チームに分かれます。体育用の帽子などで敵と味方が一目でわかるようにするとgood！
2. 図のようなコートを校庭に描きます。
3. 宝物を定位置におきます。ボクはボールを使ってます。
4. 自陣の内側と、島〈安全地帯〉だけは両足をつくことができます。それ以外の場所は「ケンケン」です。両足をついたらアウト。もちろん転んでもアウト。
5. それぞれの陣地で、出入り口（Sの切れているところ）からだけ出入りができます。それ以外の線を踏んだり越えたりしてもアウトです。
6. 安全地帯は、平和な場所。ここでは戦ってはいけない。安全地帯のなかから外に向かって攻撃するのもなし。
7. 相手陣地に突入して、宝をとったら勝ち！

クラスのルール

- 1回アウトになったら、たとえば、「サッカーゴールを1周回ってきたら復活」というルールにする。
- 2回アウトになったら、図の「おべんじょ」で1回戦が終わるまで待っていなくてはいけない。

自陣で相手チームの突入を待つ子どもたち

S字の中央のライン際で相手をひっぱり込もうとする子どもたち

クラス目標、大事にしてますか？

多くのクラスにある、「クラス目標」。あなたの教室にはどんな目標が掲げられていますか？

クラス目標をそらんじることができますか？　あなたが子どもだったころ、クラス目標をみんなで大事にしたー！　クラス目標って大事！　という実感がありましたか？　ボクのクラスの目標もかつては完全に「絵に描いた餅」でした。四月につくり、それもボクが勝手にきめて貼りだすだけ……。その掲示物もやがて教室の風景となって誰も読まない、誰も覚えてない。

だがしかし、クラス目標って本当はすごく重要なんです。ボクのクラスづくりで、八〇％以上はこの「クラス目標づくり」にエネルギーを注いでいる！　といってもけっしておおげさではないほど重要だと思います。なぜそんなに大事なのでしょうか？　それにはこんな理由があるんです。

クラスって偶然集まったグループにすぎない？

「クラスづくりってむずかしくなった」「昔はもっとクラスに一体感があったのに」。そんな声をよく聞きます。どうしてクラスづくりがむずかしくなったのでしょう。ボクはこんなふうに考えています。

子ども自体はなにも変わっていません。でも子どもをとりまく環境が大きく変わっているんじゃないかと。数十年前は、家庭や地域、あそび仲間など、さまざまな人間関係のなかで社会性をはぐくまれながら、子どもたちは学校にきていました。また、その時代は「先生のいうことは聞くものだ」という、「権威」みたいなものが学校や先生に残っていたので、よくも悪くも先生はクラスづくりをしやすかったのではないでしょうか。子どもたちもお互いの関係をつくるのが、いまよりずっとじょうずでした。

しかし、核家族化がすすみ、地域のあそび仲間（あそぶ空間）も崩壊してしまいました。その結果、異年齢のあそび仲間でもまれていない現代の子どもたちは、社会性が十分にはぐくまれておらず、また経験がないぶん、人間関係づくりが以前よりへたくそになったなあ、と感じます。さらに学校の「権威」もなくなりつつあります。そうなると、変な言い方かもしれませんが、子どもたちが素直に「児童」「生徒」をしてくれなくなってしまうんですよね。

まったくの偶然で集まった子どもたちと、これまた偶然できまった担任が集まった、ただの集まり。なんの目的も共有していないし、「クラスは一体だー！」というような意識もない。烏合の衆といったらいいすぎかもしれませんが、それくらいなにも共有していない「グループ」にすぎない。それが四月のスタートです。ちょっとしたきっかけでクラスがバラバラになったり、先生に反抗したり……。

ではどうすればいいのでしょうか？　それはクラスを「チーム」にすることです。

チームづくりのカギはクラス目標

「チーム」を一番イメージしやすいのはスポーツのチームです。

一つの目標に向かってメンバーで協力してゴールをめざす。お互い助けあい、刺激しあって個人もチームも高まっていく。ゴールにたどり着いたときにはみんなでよろこびを分かちあう、そんなイメージでしょうか。なにかトラブルがあっても、みんなでめざしているゴールがあるから、やり直せる。徹底的に話しあって解決できる。やがて先生を頼らなくても自分たちでなんでもできる。そんなふうにクラスがなったらステキだと思いませんか？

ただ、「クラスをチームに！」と一言でいってもむずかしい。なぜならクラスはなにかを目的に集まったチームではないからです。

たとえばスポーツチームなら、「大会で優勝」や「次の試合に勝利！」など明確なゴールがあるので、チームとなりやすいですが、最初、クラスには「明確なゴール」がありません。ただ偶然に集まったグループにすぎないのです。クラスをチームとするには、「ゴール」が必要になります。そのゴールが「クラス目標」なのです。

子どもたちが一人ひとりの強みを活かしあい、お互いの心を温めあいながら、ともにゴールをめざすクラスづくり（＝チームづくり）のカギは、子どもたちも担任も「めざしたい！」と思える目的（＝クラス目標）づくりなのです。

三月にどんなクラスになっていたいか？ を問う

では、クラスみんながめざしたいと思える目的とはなんでしょう？ ボクは、どんなクラスだったら、毎日学校にくるのが楽しみか、一年後の三月にどんなクラスになっていたら「サイコーのクラス！」っていえるかを、四月にクラスをスタートするにあたって子どもたちに問いかけています。つまり、こんなクラスにしたい！ という夢（ビジョン）を子どもたちと共有するのです。三月にこうなっていたい！ という夢を共有することで、クラスはそこをめざすチームに変身！ ボクはこんな手順できめています。

❶ **A４の紙に、一人ずつどんなクラスにしたいかを書く。**

❷ **ペアをつくり、お互いの書いたものを見あいながら三〜五個に整理する。**

❸ **ペアが二つ合体して四人チームをつくり、四人で三〜五個に整理して、A３の紙に書く。**

❹ **各チームで完成したA３の紙を黒板に貼りだし、先生がキーワードで整理しながら、全体で三〜五つ程度にまとめる。**

❺ きまったら、全員で大きな紙に掲示物をつくる。

この「みんなでつくる」のってとても大切です。自分たちの目標！　という意識が高まります。くれぐれも先生がパソコンでキレイにつくってしまったりしないことをおススメします。

いい目標かどうかをはかる基準

ボクのクラスの過去三年間の目標のキーワードをあげてみると、「チームワーク」「チャレンジ」「自主的に行動（自立）」「みんなでゴールをめざす」「みんなが中心」「楽しい」「公平」などが浮かんできます。これらがいい目標かをはかる基準は、子どもも担任も「読んでワクワクするか」です。「あー、本当にこんなクラスになったらうれしいなー」と全員が思えるか。

たとえば、「時間を守る」「けじめをつける」などは、大切なことではありますが、クラスのビジョン（めざす姿）、というよりもクラスの「ルール」です。あんまりワクワクしませんよね。ビジョンとルールをごっちゃにしないこと、これはけっこう大切なことです。

もし、担任が願う学級像が子どもたちからでてこなかった場合はどうすればいいでしょうか。そんなときはあんまりむずかしく考えずに、「ボクは○○なクラスにしたいと思っているけど、どう思う？」と素直に聞いてみましょう。先生も含めて、本気で「めざしたい！」と思えることがなによりも大切なことです。

クラス目標は、みんなでつくって、みんなで書きあげ、いつも目にとまる場所に掲示します

絵に描いた餅にしないために

とはいえ、この目標、貼っておくだけではやっぱり絵に描いた餅。そこで、「クラス目標を実現するために、今日はどんな行動をとる？　どんな目標を立てる？」「クラス目標を達成するには、どうすればいいだろう？」「ありがとう！　本気でクラス目標をめざしてくれてうれしいよ」「その行動を続けていると、クラスはどうなるだろう？　目標に近づく？　遠のく？近づくためにはどうすればいい？」と、たえず子どもたちに声をかけるようにしています。

掃除のときだって、教室リフォームのときだって、プロジェクトアドベンチャー（49ページ）のときだって、授業中だって、いつでもボクたちの根っこには「クラス目標」がある。それくらいボクは大切にしています。

いつも目標に戻る。車のナビにたとえると、目的地設定です。目的地がはっきりしていれば、たとえルートから外れていても、いつでも「再ルート検索」をしてゴールに向かって走っていけます。そのためにはゴールをいつでも意識しておくことが大切だと思っています。

「私たちのクラスは目標に向かってすすんでいます。だからチームワークがいいのです。なにか問題があっても改善できます。そのためにはいつも目標を心にいい聞かせ行動しています」。ボクのクラスのAさんの言葉です。こんなふうに「みんながめざしたい！」というゴールがきまれば、いよいよクラスは最高のチームをめざして動きはじめます！

チームワークを高める体験

チームゲーム、プロジェクトアドベンチャー

勝ち負けのあるゲームで空回りすることも

クラス目標が完成しても、具体的に協力したり、チームワークを活かしたり、助けあったりする場面がないと、めざしようがありません。そこでボクはクラスで、「みんなで協力したほうが楽しいいし、いい成果がでる!」という体験をする場面をつくるようにしています。

よくクラスのレクレーションや、みんなが仲よくなるため! と、ドッジボールやサッカーをするのを見かけます。ところが、いい人間関係が築かれていないと、せっかくチームワークを高めたり、クラス目標を達成するために企画したのに、「ぜんぜんボールがこないからつまらない」という子がでたり、勝ち負けやルールでトラブルになったり、声の大きな子がわがままをとおしたりと、逆効果になってしまうこともよくあります。どうしても「勝ち負け」があるとそこにこだわってしまって、「協力する」という方向に目が向かないんですよね。そこで、ボクはクラスでこんなことをしています。

すぐに使えるチームゲーム「オニミチ」

ボクが最近、一番活用しているのが「チームゲーム」と呼ばれるものです。

チームゲームとは、友達と楽しくあそびながら、人とのかかわり、助けあいを学べるボードゲームです。一見するとふつうのボードゲームなのですが、勝ち負けをきめたり競争するのではなく、参加者がみんなで協力してゴールをめざします。欧米ではおもちゃ屋さんにふつうに売っていたり、学校でも活用されたりしているそうですが、日本ではようやく紹介されはじめたばかりです。

さて、ボクが活用している「オニミチ」というチームゲームは、「鬼が目覚める前に、五つの宝をとって、もち帰ろう」という単純なストーリーのボードゲーム。しかし、駒は一つしかないので、みんなで作戦を練り、対話を重ねながらゴールをめざさなくてはなりません。そのなかで自然にコミュニケーションが生まれ、チームワークが高まっていきます。

ボクはクラスのスタート時や、席替えのあとなどにこれをよくやりますが、子どもたちが楽しそうに話しあいながらやっている姿が本当にステキです。勝ち負けではなく、みんなが仲間になれる。ハラハラドキドキ、成功も失敗も、よろこびも悔しさもみんなで共有できる。そしてあそんでいるうちに自然に仲よくなってしまう。ステキなクラスづくりにはなくてはならない体験です。

さらにおもしろいのは、「ルールはみんなで合意すれば自由に変えてよい」ということです。もっとむずかしくしよう！　など自分たちで創意工夫ができます。これも、教室リフォームや

チームゲーム「オニミチ」。右上の鬼が目覚める前に、五つの宝をとってもち帰ろうというストーリー（入手先は181ページ）

掃除プロ、会社活動のように「自分たちで話しあってクラスを創っていく」体験につながっていきます。休み時間も男女入り混じって楽しそうにあそんでいます。

本書の「付録」として、すぐに使えるチームゲームをつけました。「オニミチ」を開発したボクの友人、中川綾さんが、本書のために新たに作ってくださったものです。クラスやご家族で、ぜひ活用してみてください。

教室や体育館でプロジェクトアドベンチャー

もう一つボクが大切にしている活動に、プロジェクトアドベンチャー★（ＰＡ）があります。教室や体育館でできるさまざまなプログラムです。

たとえば、「エッグシェルター」という課題解決のアクティビティ。「この二階の教室が火事になりました！　この生卵を窓から投げて無傷で脱出させなければなりません！　使えるのは、生卵一個とストロー五本、新聞紙五枚にビニールテープ一ｍ、です。時間は三〇分！」。こんな課題にグループで話しあいながら取り組みます。もちろん卵が割れないように工夫するわけですが、それはそれは大盛りあがり。

「新聞でくるんじゃおうよ」「それじゃ割れちゃうでしょ」「あ！　いいこと思いついた」「なになに？」「ストロー使ってさ～……」。子どもたちは真剣に話しあいながら活動します。さて時間になりました。全チームの卵を窓から脱出させる瞬間です。二階から投げる役以外の子は、外にでてドキドキ……。「あー、割れちゃった……」「やったー！　大成功！」。

対戦するのではなく、みんなで作戦を練りながら、協力しあって一つの駒をすすめる。席替えのあとなどにおススメ

★プロジェクトアドベンチャー　「グループでの冒険活動を通じて、チャレンジする気持ち、チームワーク、自分や相手を尊重する態度、信頼感、コミュニケーションなどを学び、個人の成長と人間関係の改善をめざす」プログラムです

こんな活動のなかで子どもたちは信頼関係を深めていきます。もちろん途中でトラブルも起きたりします。でも、それこそがもっといい関係を築くチャンス！

活動のあと、みんなでふりかえりをします。

「いまどんな気持ち？」「チームでうれしかった言葉や行動ってどんなことがある？」「どうしてもめちゃったんだろう」「ボクたちがクラス目標のようなクラスになるためには、これからどうしていけばいいだろう？」。活動をふりかえるなかで、子どもたちは関係を深めていけるのです。

学ぶ要素満載のアクティビティ「納豆川渡り」

もう一つ、ボクの大好きな課題解決のアクティビティを紹介します。「納豆川渡り」。「マシュマロリバー」ともいいます（8ページも参照）。

「納豆（マシュマロ）が流れている仮想の川（一〇〜一五mくらい）を、魔法の板（スポットマーカー：滑らないゴム製のプレート）に乗って、チーム全員が向こう岸に渡る」というもの。魔法の板は、チームの人数分マイナス二枚しかありません。その魔法の板を川において、その上に乗って渡るのですが、誰かがつねにその板に触れていないと、板は納豆の川に流されてしまいます（ボクが回収します）。もちろん、川に足や体の一部がついてしまうと、アウト！体の穴という穴から納豆（マシュマロ）が入り込んできてしまう、という怖ーい設定です。

また活動中は、全員の体の一部が互いに触れあっていなければなりません。全員がつながっ

エッグシェルターで、みごと割れずに脱出成功した卵。記念にチームの子の名前を書いて飾っておいた

ていないと、やはり納豆（マシュマロ）の川に流されてしまいます。魔法の板を使って、みごと全員が川を渡りきったら大成功！　誰か一人でも川に落ちてしまったら最初からやり直し。みんなで知恵をだしあい、サポートしあいながら渡るなかで、いろんな気づきが生まれてきます。

手を引いてくれた友達の温かさ、失敗したときに励ましてくれるうれしさ、うまくいかなくなってチームの雰囲気が沈んでしまっているとき、どうすればいいのか。協力してゴールしたときのよろこび。チームワークとはなにか。

学ぶ要素満載のアクティビティで、ボクは毎年クラスづくりで活用しています。

＊

ＰＡはなにより、やって楽しい！　ところがステキです。あそび感覚で夢中になれる活動が多く、子どもたちも大好き。ちなみにボクは、「道徳」や「学活」「体育」の時間などでやっています。実際に体を動かし、ときには仲間どうしでのもめごとも起こしながらそれを乗り越える体験。教科書で学ぶだけよりも、ずっとずっと子どもたち一人ひとり、そしてクラスの成長につながる活動です。

ＰＡは、考え方やすすめ方の手順を書いてある本が多数でています。おススメのブックリストを181ページに掲載しますので、参考にしてくださいね。

保護者とボクたちの願いは一致している！

ボクは若いころ、保護者会（懇談会）が苦手でした。

「苦情いわれたらイヤだなあ……」。「ボクのことどう思っているんだろう。いろいろ文句とかあるんだろうなあ……」とドキドキ。給食もノドを通らなくなり、トイレも近くなり……。ボクのクラスの保護者が、懇談会後に廊下で話している姿を見るだけで、「きっとボクの学級経営や授業のことに不満があるんだろうなあ」なんて思い込んだりしていました。

たしかに保護者から学校や自宅に電話があるときって、なにかトラブルがあったときがほとんど。ですから、夜は自宅の電話を留守電にしておいたり……。ふだん廊下で保護者の姿が見えると、すっとちがう道に逃げたり……。そんな二〇代でした。

「保護者って苦手だなあ」。勝手にそう思い込んでいました。なぜかというと、それはきっと、「保護者と先生は対立関係にある」って思い込んでいたからだと思います。

ニュースを見るとモンスターペアレント、なんていう言葉を目にしたりします。保護者と先生はお互い文句をいいあう関係。でも本当にそうでしょうか？　よく考えてみると、保護者のみなさんと、ボクらはじつは目標を共有しているのです。

それは、「同じ子の幸せを願っている」ということ。

場所は学校と家とちがいますが、同じ子の幸せ、成長を願って子どもたちとかかわっている者どうしなんですよね。だから仲よくなれないはずはない。いや、いい関係を築いたほうが、結果として子どもたちが得をするはずだ！　それに気づいたら、急に保護者が身近に感じられるようになりました。

保護者の方々と、同じ子の幸せを願っている者どうしとして信頼関係を築くには、まずはたくさんのコミュニケーションをとるのが一番です。

学校の敷居って、思いのほか高い

だがしかし、学校と家庭ってじつは距離があるのです。それに気づいたのは、長男が一歳のときに、一年間、育児休業したからです。そのとき長女は一年生。

「よし！　せっかくのチャンスだからわが子の学校にかかわるぞ」と意気込んでいました。でも、そのチャンスがほとんどないのです。授業参観は見ているだけ。保護者会で発言するのにも勇気がいる。わざわざ先生に手紙を書いたりするのもなあ……。

と考えてみると、先生とコミュニケーションをとる機会も、クラスにかかわる機会もほとんどないのです。結局一年間、読み聞かせボランティア以外は、ほとんどなにもできないまま終わってしまいました。

親のほうから学校にアプローチしていっしょになにかやる、というのは立場上とてもむずかしい……。それくらい学校って外から見ると敷居が高いのです。

となると、なかにいるボクらが学校を、クラスを開いていくのが一番の近道です。トラブルがあってから保護者と連絡をとりあっても、なかなかいい関係を築くのはむずかしいもの。だったら、トラブルになる前にいい関係を築けばいいのです。

フォーマットをきめて、気軽に学級通信

ボクが一番活用しているのは、学級通信。学級通信と聞くだけで、「だすのがたいへんだなあ」と思われるかもしれません。でもフォーマットをきめておくとラクチンです。たとえばボクは次ページのような通信をだしています。

大切なポイントは、以下の三つ。

point 1

「子どもの名前をどんどんだす」こと。

たまにわが子が載る！　というだけで読んでもらえる機会が増えます。

point 2

「クラスのいいこと、子どもたちのいいところを載せる」こと。

読み手も書き手もうれしくなります！

point 3

「短い時間でぱぱっと書く」ということ。

書くことをきめてしまっておけばスキマ時間でぱぱっと書くことができます。

ボクは二〇分しかかけないようにしています。あまり高いものを望まず、自分に期待をしすぎず、気楽にだす。これがけっこう大事みたいです。

idea 学級通信フォーマットの例

短時間で書けるように、フォーマットをきめて週1回発行しています！

学級通信堀兼小４－２

しあわせのバケツ

A drop in your bucket　　９月１４日号！

あと２週間で運動会！

いよいよ運動会まであと２週間。よさこいソーラン節、リレーなどもえてきました。

応援のれんしゅうも気合入ってきています。本番が楽しみだなあ！

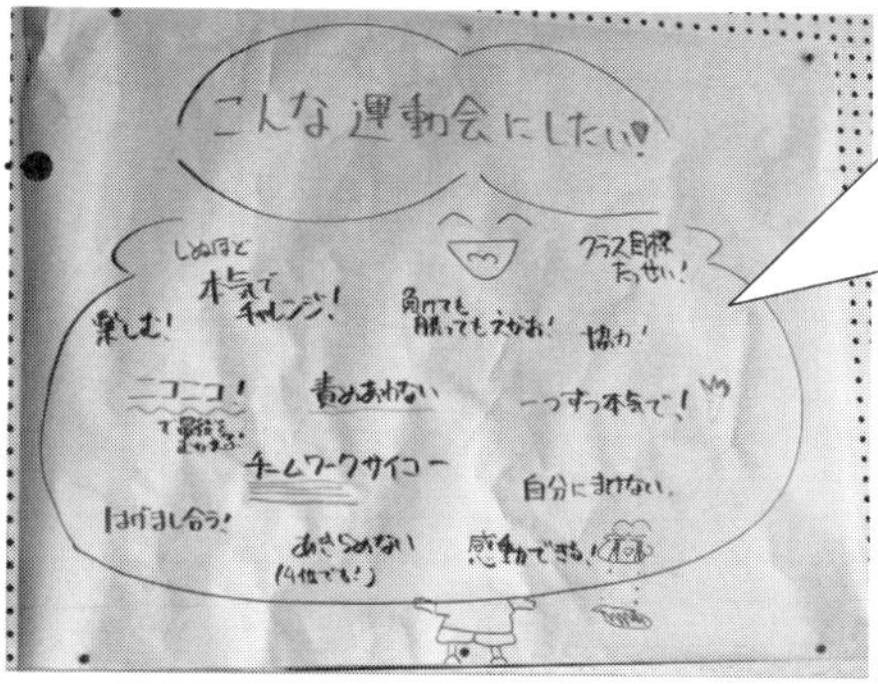

今日の１枚！

今日の１枚は、「こんな運動会にしたい！」です。

みんなにとって最高の運動会になりますように。「勝っても負けても笑顔」でいられるといいね。

イワセンのひとりごと

今、教室では、よさこいソーランの大漁のはたを作っています。時間がない中、休み時間にちょびちょびとぬっています。ボクがぬっていると、**すぎっちやこざわん、まこ、ねずっち、ゆめちゃん**たちが手伝ってくれて本当に助かってます。

ありがとうね。

今日のヒーロー・ヒロイン

今日は、おうえんだんの４人！**としちゃん、ちゅうちゃん、おざかな、にもが**ヒーローです。

休み時間をぜんぶつかって、おうえんの練習をしている姿は、ほんとうにかっこいいです。赤団みんなのためにありがとうね。

そのいっしょうけんめいさが、１～３年生に伝わって、みんなおうえんが上手になっています。４人、ほんとうにありがとうね。

❶今日の１枚！

　デジカメで写真を撮って、1枚載せちゃいます。それにちょこちょこっとコメントを書きます。写真ってクラスのようすを手軽に伝えられて便利です。いまはデジカメも1万円ぐらいで売っていますので教室に常備しちゃいましょう。

❷イワセンのひとりごと

　その日のクラスのようすや感じていること、子どもたちに伝えたいことやおうちの人に伝えたいつぶやきを書きます。

❸今日のヒーロー・ヒロイン

　クラスで活躍した人、がんばっていた人、さりげなくいいことをしてくれた人などを紹介して祝うコーナー。できるだけみんなを載せられるよう、クラスのようすを見てちょこちょことメモをしています。

「先生、読んでますよ！」「お母さんが、学級通信をファイルにとじてるよー！」なんて声を聞くとすごく元気になります。ときには、学級通信の下に、「投稿コーナー」を載せたりもします。「学級通信の感想や担任への励ましのメッセージをお願いします！」なんて、切り取り線つきで載せておくと、数通戻ってきて元気にもなります！　おうちの人も、気楽に先生とコミュニケーションをとるチャンスにもなっておススメです。

週一回、二〇分、それをとるだけで保護者の方といい関係を築くチャンスになります！

授業参観から授業参加へ！

「授業参観」って、保護者にじっと見られていてボクはなんだか緊張しちゃいます。いっぽう、保護者としてわが子の授業参観にいくと、四五分間ひたすらじっと見ているのもけっこうつらい……。

忙しいなか、せっかく学校にきてくださるのです。だったらいっそのこと、「授業参観」ではなく、「授業参加」にしてみるのはいかがでしょうか？　ボクはたとえばこんなことをしてきました。

idea 1 親子で図工！

図工の授業参観では、保護者の方にもいっしょに作品づくりをしていただいています。一時間で簡単にできるものなら、親子で楽しめますし、保護者の方からも「きてよかった!」と好評です。一番のおススメは、「折り染め」です。紙を折って染料で染めるだけできれいな模様が浮きあがります(『ものづくりハンドブック2』仮説社、を参照)。ポイントは、「あらかじめ子どもたちに手順を伝えておいて、保護者への先生役になってもらう」ことです。子どもたちも活躍できますし、保護者に子どもたちの頼もしさも伝わります。

クラスに、陶芸やフラワーアレンジなどの特技をもっている保護者がいたらチャンス! ぜひその方に特別講師になっていただいて授業をしてもらいましょう!

idea 2 授業の助っ人といっしょに

調理実習や裁縫などのときに「助っ人」にきていただきます。保護者のみなさんの力をお借りする、この方法はよく使わせていただいてます。「わが子以外の子たちとも仲よくなれてよかったです。このクラスが好きになりました!」なんてうれしいコメントも。

また、体育の跳び箱のときに「練習につきあってくださる方募集!」。子どもの作文発表会に「観客として見にきてくださいませんか?」などなど、ことあるごとにお願いすると、じょじょに参加してくださる方が増えます。

ボクの地域では、五年生で学校対抗のバスケットボール大会があるのですが、そのときにも、「子どもたちの練習試合の対戦チームを保護者でつくりましょう!」と呼びかけてみました。

最初、二人だったのが、次々に声をかけてくださり、大会前の最終練習にはなんと一五人のお父さん、お母さんが！　親子での壮行試合でおおいに盛りあがりました！　大会当日も、保護者の方が応援旗をつくってきてくださり、どの学校よりも熱い声援を送ってくださいました。

休んだ子どもに付箋メッセージ

もしクラスに欠席した子がいたとしたら、クラス全員で付箋に、「一言メッセージ」を書いて、それを大きな紙に貼りあわせて届けます。「みんなが待ってくれている」。そんな思いがきっと休んでいる子を元気にしてくれるんじゃないかと思うからです。「○○休みかあ、つまんないなあ」「さみしいなあ」「明日くるかなあ」。そんなつぶやきが、本人に伝わっていないのはもったいない。

そこで付箋の一言レターで「見える化」しています。これってすごくクラスを、そして一人ひとりを元気にします。子どもを元気にするだけではなく、保護者の方をも元気にします。「わが子はクラスで大事に思われている」。そう思えるのって、とってもうれしいことだから。

三つのコースで家庭訪問を楽しく！

家庭訪問も保護者の方と仲よくなるチャンス。

でも話題が見つからなくて困ってしまうこともしばしばです。これは先生側だけではなく、保護者も同じみたい。ボクも保護者として先生を家庭訪問で迎えるとき、話すことが見つからずにドキドキしてしまいます。ところが最近、ちょっとした工夫をしたことで、家庭訪問が楽しみになりました。ボクの尊敬する先輩、藤田恵子先生がブログで紹介されていたアイデアを実践してみたのです。

まず、あらかじめ「家庭訪問では、以下のコースから選んで、ぜひボクに紹介してください」とお願いのお便りをだしておきます。

コース1 お宝コース

子どもの宝物を紹介してもらう。本人にいてもらって本人に紹介してもらうのもOKです。けっこういろいろな宝物を紹介してくれて、意外な一面を見ることができます。その宝物から話題も広がります。

コース2 特技コース

その子が特技を披露します。ピアノなどの楽器、一輪車、かくし芸、マジック、スケートボードなどなど。なぜそれが特技になったのかで話題も弾みます！　素直にその子のよさをいっしょによろこべてステキな時間になります。

コース3 写真コース

その子の小さいころの写真や、思い出の写真を見せていただきます。小さいころのエピソードを聴いたり、子を思う親の気持ちに共感したり。ボクがもっとも好きなコース。

このなかから一～二個選んでいただいて、それを家庭訪問で紹介してもらうのです。これ、すごくいいです。子どものことで話がすごく盛りあがります。「保護者のみなさん、わが子を大事に思っているんだなあ」との思いもあらたになります。

保護者どうしの交換ノート！

保護者どうしがいい関係を築く機会も意外とないもの。そこで保護者のみなさんといっしょに「全員で交換日記！」をやったりもしました。次ページのような提案でお願いし、一年間続きました。

保護者会で集まったときに「ああ！　あれを書いていた○○さんはあなただったんですね！」なんて保護者どうしがつながる機会になったり、お互いの悩みを相談したり。ボクの妻のクラスでやったときには、保護者の飲み会にまで発展したそうです。

交換ノート（おしゃべりノートと命名）。保護者がつくってくれた通い袋に入れて回覧しました

idea

おしゃべりノート！　～気楽にはじめましょう！～

気がつくともう高学年。「小学校に入って子どものようすが見えなくなってきた」というお話しをよく聞きます。「放課後のあそびについて」「勉強について」「友だちとのかかわり方について」「寝る時間について」など、みなさんと話してみたいなあと思う話題がいくつもあります。

保護者の方どうしが仲よくなる姿を、子どもたちに感じてもらうことは、子どもたちの成長にとってもいい影響を与えることだと思います。そんな思いで、これからも懇談会では保護者どうしの交流を深められる内容を取り入れていきたいと思っています。また、1年間に数回しかない、保護者の方どうしの交流の機会を少しでも増やせたらと考え、「おしゃべりノート」をはじめたいと思っています。

1年間、5年2組の教室で生活することになった23人の子どもたちと、それを見守るおうちの方たち。せっかく、縁あって同じ時間を共有するわけですから、この機会におうちの方どうしもいろいろおしゃべりしましょう。

子育て・教育の話題はもちろん、家族の紹介、見たテレビのこと、趣味のこと、「今夜のおかず」紹介、「浦和レッズはどうしたら強くなるか」「おススメのおでかけスポット」「最近困っていること」などなど内容はなんでもOKです。話題になっていることについて「うちではこうしていますよ～」

次ページへ ↘

提案するときのポイント

事前の保護者会で「こんなことしてみたい！」と話しておいてから提案するといいです。役員さんに事前に相談してすすめるのもおススメ

↘ なんてアイデアをだしあうのもステキですね！

文章の長い・短いも関係なし。イラスト・カットもご自由に！　もちろん、おじいちゃん、おばあちゃん、お姉さん、お兄さんも大歓迎！　日付とお名前はお忘れなく……。

書くことのが苦手な方もいると思うので、ほんのちょっぴりでもかまいません。書く元気がないときは、「みなさんのおしゃべり読みましたよ。わかるわかる！」の一言でも。書くことがないときや、時間がないときは、「読むだけ（パス）もあり！」でいきましょう。お子さんを通じてお手元に届きましたら、できるだけ早く学校に戻してください。次の方に回します。

人数が多いので、ノートは２冊用意します。１学期に１回は回るといいなあと思うので、１～２日で次の方に渡るとちょうどいいかな？　ノートはボク経由で次の方へ渡しますね(たまにはボクも参加させてください！)。

１冊目は男子の保護者の方スタート！　男子の保護者の方に全員渡ったらそのノートは女子の保護者へ！　もう１冊は女子の保護者の方スタート。続いて男子の保護者へ回ります。つまり常時２冊が回っている状態です。それでも回ってくるのは、過去の経験上、学期１、２回かなあという感じですから、あまり負担にはならないと思います。それほどかまえないでくださいね……。

継続させるコツ

たまに先生が登場して、「夕食づくり困ってます。簡単なレシピ、紹介してください」「うちの子もゲームやりすぎで……。みなさんはどんなルールをきめてますか？」と話題をふると、保護者も書きやすくなります

第2章

子どもが主役の授業づくり

作文の読者って、誰なんだろう？

読者は先生だけって、おかしくない？

読者のみなさんは、子どものころ（あるいはいま）、作文は好きでしたか？　ボクは大嫌いでした。遠足や運動会など楽しかった行事のあとに待っている作文。先生から、「作文用紙二枚は書きましょう」といわれ、書くことがなくてつらかった思い出。読書感想文は、はっきりいって地獄でした。だってなにを書いていいかさっぱりわからなかったのですから……。せっかく書いても自分が書いたことを忘れたころに赤ペンが入った原稿用紙が返ってくる。よく考えたら、作文って誰のために書いているんでしょう。いつも読者は先生。それってなんだかおかしいです。だって「書く」という行為はそもそも誰かになにかを伝えるため。なのに読者はいつも先生だけなんて……。

と思いつつ、教師になったボクは、やっぱり同じような授業をしてしまっていました。いいことも悪いことも再生産しちゃうんですよね。作文用紙を見るだけで、「エー、作文？？」という声が教室に起こることもしばしば。

「いつの時代も子どもって作文は嫌いなんだなあ」、なんて自分を納得させたりしていました。

おもしろネタで乗り切ろうとした日々……

とはいっても、作文の時間をとらないわけにはいきません。いろいろ考えてボクがとった作戦は「おもしろ作文作戦」でした。たとえば、ウソ日記。「朝起きたら横にドラえもんが寝ていました。この続きの物語を書こう！」のようなものです。これはこれで子どもたち、大よろこびして書いてくれます。そんな「子どもたちがよろこんで書いてくれるネタ」集めに夢中になりました。でも、これってやっぱり「書かされて」いる。ボクがいいネタを提供できなくなった瞬間に子どもたちはまた書かなくなるのですから。

またある年は、「書けるようになるにはトレーニングしかない！」と、有無もいわさず作文トレーニングを続けたこともあります。たしかにじょうずになるんです。ひたすら練習するわけですから。でもちょっと待てよ。「書きたい！」と思っていない人に無理にトレーニングを課すのってなんだかおかしい。ボクが子どもだったらそんな強制はイヤだなあ。

そもそも「書く」とか「学ぶ」って他人から強制されるものなのでしょうか。「強制しないと子どもたちは書かない」。昔のボクはそう信じていました。だから「テーマがきまっていれば書けるだろう」「行事のあとなら書くことがあるだろう」と書かせてきたのでした。でも、それって本当でしょうか？　強制しなくても、自分の書きたいことならよろこんで書くのでは？　本当は書きたがっているのでは？　じつはそのとおりだったのです。「書きたいことを書こう！」といったとたんに、子どもたちは意欲的な「作家」に大変身しました。

「書かせる」から「書きたいことを書く！」へ

ボクはクラスで「作文すること」を「作家の時間」と呼んでいます。作家の時間とは、「子ども自身が本物の作家になって、自分が書きたいことを書きたいように書く」時間です。子どもは「作家」なので、まず書きたいテーマを自分できめます。この自分できめる、というのがとっても大切みたい。

「今日から作家の時間をはじめます。この時間はみなさんは本物の作家になります。作家なので自分で書きたいことをきめます。なにを書いてもいいんだよ。おもしろかったできごとや家族のこと、自分の好きなこと、物語を書いたっていいんだ。まず書きたいことを自分できめて書いていいんだよ」。

「イワセン、物語でもいいの？」「もちろん！」「こないだお母さんとケンカしたこと書こうかな」「エー、そんなことあったの？　知りたいなあ！　ぜひ書いて！」。

子どもたち、本当にすごい勢いで書きはじめます。

「家でも書いてきていい？」なんていう言葉が当たり前のようにでてきます。「書きたいことを自分で選んで書く」パワーってものすごいんです。自分で選ぶことで自分の学びの主人公になるんだなあ、と子どもの姿に感動しました。

作家の時間を一年間体験した小学六年生のKくんは、68ページのように作家の時間についてまとめてくれました。

作家の時間。一人ではなく、チームを構成して、お互いに作家、編集者、読者になりながら、作品を書きます

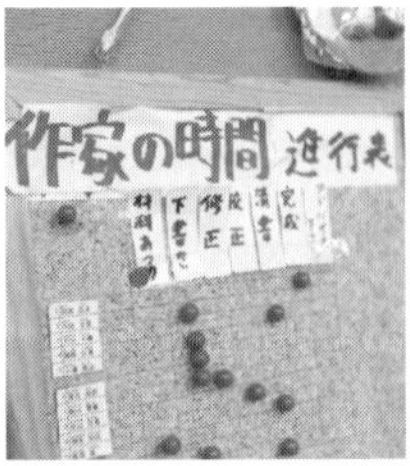

素材集めから、下書き、修正、校正、清書、完成まで、誰がどの段階かが一目でわかる進行表です

授業はこんな感じです

ボクは週に一、二時間、この作家★の時間をとっています。年間の作文単元の時間のわりふりを工夫すれば、これくらいの時間は確保できちゃうんです。

一時間の授業はこんな感じです。

導入の一〇分は「ミニ・レッスン」。作文の技法やヒントを教える時間。教科書で教えるようなことを簡単にレッスンします。先生らしい時間、ともいえるでしょうか？　そして、授業のメイン、二五分間の「ひたすら書く」時間です。子どもたちは、ひたすら書きます。体験文、小説、調べたことをまとめる子、さまざまなジャンルで書いています。

書く場所も自分で選びます。「作家として一番集中できる仕事場を選ぼう」と子どもたちには話します。集中したい子は廊下に机をだしたり、畳コーナーに集まって友達と作品を読みあってアドバイスしあいながら書いたり。友達どうしの学びあい、とてもステキな時間です。最初は隠して書いていた子も、そのうち友達どうしで、「読んで読んで！　アドバイスちょうだい！」「うまいじゃん！　書きだし、もっと工夫してみたら？」「常体と敬体がまざってるから、どっちかにあわせてみたら？」なんて学びあいはじめます。お互いが編集者になるわけです。子どもたちは、この時間も大好きです。お互いの表現をとおして、お互いを知りあい直し、より深い関係性を築いていくきっかけになるようです。

最後の一〇分は、「作家の椅子」の時間。みんなで前に集まって、一、二人の作家が「作家の椅子」と呼ばれる由緒正しい（？）椅子に座って作品を読みあげます。大きな拍手とともに、

★作家の時間
ライティング・ワークショップとも呼ばれ、「作家になる」体験を軸に、自立した書き手をそだてることをめざします。欧米では、リテラシー教育の主流となりつつあるそうです。詳しくは、巻末の参考文献をお読みください

授業の締めには、由緒正しい（？）作家の椅子に座って、自分の作品を読みあげます

通常の作文の授業	作家の時間
テーマが決められる 決められた時間内に書く 私たちは「書かされる人」	テーマが自由。自分で書くことを選べる 自分のペースで書ける 私たちは「作家」 「作家になって書きたいことをひたすら書く時間」
先生がコメントする 自分だけで書いて自分だけで直す （個人作業） 座って書く	先生も友達もコメントする 友達にアドバイスやアイデアをもらう （クラス全体でやる） 立ち歩きOK クラスの関係もよくなる
うまく書けなくて嫌いになる 先生にだして終わり ぼーーとする。ひまになる 先生がほめるだけ	自分の作品に自信がもてる 自分の作品が公開・発表できる ひまな人をださないシステム みんながほめてくれてやる気がでる

作家の時間を１年間体験した、6年生のKくんが作家の時間についてまとめてくれた

聴いてくれた友達が、付箋に「ファンレター」を書いて渡してくれます。なんとも照れくさく、うれしい作家デビューの時間です。

保護者も読者！　ファンレター

子どもたちの作品は二ヵ月に一回、文集にして出版しています。そのときは保護者の方からもファンレターを募集します。けっこうたくさんの方がファンレターを書いてくださいます。

このファンレターが子どもたちのやる気をさらに高めます。読者からの反応ですから、「次回作も楽しみにしてます！」なんて書かれたら、書きたくなっちゃいますよね。「先生、印刷大変なら手伝いますよ！」なんて保護者の方が何人もいらっしゃって、そんな

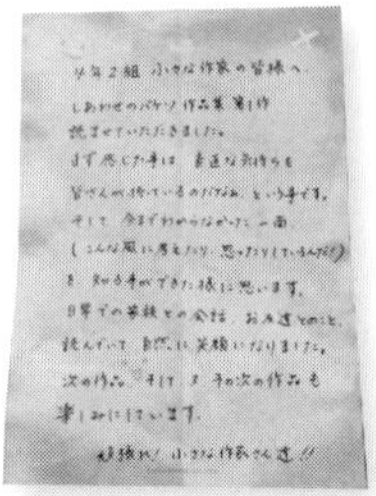

「4年2組　小さな作家の皆様へ」と題された保護者からのファンレター

つながりが生まれるのもうれしいことです。

ボクのクラスの伊藤さん。五年生になって初めて「作家」になって、感受性あふれる作品を次々に書いている子です。「作家の時間ってどう?」と聞くと、こんなふうに書いていました。

「私は一度、作家の椅子に座ったことがあります。みんなの聴くときの視線！　真剣に聴いてくれるみんな！　ファンレターをもらうとき、照れます。みんなに『よかったよ!』とか、『次の作品もがんばって!』とかいわれるからです。作家はやっていくうちに、『やらされている』のではなく『やっている』に変わっていきます。私は作家が大好きです!」

「特別なことでもないかぎり、作文を書けるネタなんてないだろう」。ついついボクはそう思ってしまいがちでした。

でも、じつはふだんの生活のなかに、発見や伝えたいことはたくさん転がっている。子どもたちにはそれを見つける力が本当はあるのですよね。教師が余計なお節介をせず、子どもたちが自分で選べる環境をつくればいいのです。

自分で選ぶ、ということをもう一度見直してみませんか?

選ぶことで、やる気も責任も生まれて、クラスがぐぐっと動きはじめるはずです。

作家の時間 〈子どもの作品〉

「いまどきの子どもには『生活』がない。だから、作文が書けない」という声も聞きますが、子どもたちの作品からは、その子なりの「生活」がいきいきと伝わってきます！

もうやめる

それは、春休み中のことだった。私はお母さんに言った。

「もうやめる。絶対やめる。」

お母さんは言った。

「やめてもいいけど大人になったらこうなるの！ 仕事をするってこういうことよ。」

私は、

「あっそうですかー！」

と言った。

今、私とお母さんはケンカ中。

なぜ春休みでお母さんとゆっくりしているはずなのに怒っているかというと、お母さんが働いているようち園から電話があったからだ。

「プルルルル。プルルルル。」

お母さんは電話に出た。

「えっそうなんですか？ 今から行きます。」

というお母さんの声がした。

私と妹は、

「ママー、だれえー？」

と声を合わせて言った。

お母さんは、「あのね、今、ようち園から電話があって、今から出勤みたいだったんだ。だから今からお昼食べたらすぐ行くからね。」

と言った。

私の将来の夢はおかあさんといっしょで、ようち園の先生になることだ。

だけどお母さんみたいに、子どもと過ごしているお休みの日に、ようち園から呼ばれるのは絶対にいや!! 休みの日はお母さんと一緒にいたいのに。

だから私は、

「もうやめる！　絶対、ようち園の先生なんかやめる！」

と言った。

お母さんはこう言った。

「勝手にしなさい。」

言われた私は、ふん、とへそを曲げた。私はいつもお母さんとケンカをするとこう言う。

「大嫌い。」

そして、その日も、

「大嫌い。」

と言った。お母さんは無反応だった。そして車に乗っておばあちゃんの家についた。私は車を降りておばあちゃん家に入った。お母さんはようち園に行ってしまった。

ちょっぴりきらいだ、なんて言って後悔している。

本当はさみしいのに……

そして数時間後、お母さんが帰ってきた。私はお母さんとケンカをしていることなど忘れ、お母さんに、

「おかえりー!!」

と言ったらお母さんが、

「ただいま！」

と言った。いつものお母さんだった。

私も大人になったらわかるのかなあ。仕事をするって大変だなあ。

私は、

「ごめんね。」

と言った。

お母さんは笑って、

「ママもごめんね。」

と言って、ぎゅっとしてくれた。

やっぱり私も、ようち園の先生になろうと思う。

（五年生の作品）

国語の授業が読書離れを引き起こす？

国語は嫌いだけど読書は好き

みなさんは子どものころ、国語の授業が好きでしたか？　ボクは、大嫌いでした。なんで一つの短いお話を何時間もかけて何回も読むんだろう。もうオチまでわかっているのに、なんて思っていました。ときには、「先生はなんて答えてほしいんだろう」と考えて手をあげる、なんていう子でもありました。

じゃあ、読書も嫌いだったかというと、そんなことはありませんでした。

昼間は、それこそ真っ暗になるまで外で遊びほうけていました。小学校が終わると、友達と走って帰って、日暮れまであそびまくっていました。「五時までには帰ってくるのよ！」という母の言葉を後頭部で聞き、いつも時間に遅れて帰っては、家を閉めだされて泣いたりも。

しかし、夜になると、わが家はテレビを見る習慣があまりなかったせいか、ボクと妹、弟の三人は、よく本を読みました。両親もよくいっしょに本を読んでいました。けっして裕福な家ではなかったので、あまりモノは買ってもらえませんでしたが、本だけは買ってくれました。毎月、お給料日になると、兄弟三人を本屋に連れていって、一冊ずつ買ってくれました。ボクは、その日がくるのが待ち遠しくて、一ヵ月かけて本屋を物色し、「よし、次はあれを買ってもらうぞ！」と……。そんなわけで、国語は嫌いだけど、読書は好きな子どもでした。

でも、これってなんだか変です。

そもそも国語って、読んだり書いたりすることを学ぶ時間。だとすれば、国語を学べば学ぶほど、読書が好きになって、たくさん読むようになって、そして読めるようになる「はず」です。ところが現状は逆に作用することもあるようです。

「教科書のお話」を一〇時間かけて読む授業

かつてのボクのクラスがそうでした。読書や読み聞かせの時間は人気があるのに、国語の時間は教科のなかでも不人気ナンバーワンを争っていました。そりゃそうです。自分が受けてきた、「教科書のお話」を一〇時間以上かけて詳細に読んでいく授業をやってしまっていたのですから。

大きい書店の教育書コーナーにいくと、「どうやって一つのお話を、詳細に読みとっていくのか」みたいな先生用の本があふれかえっています。『ごんぎつね』でも、何十冊もあるんです。ボクはそれらを買い込んできてはマネして授業し続けました。なんかおかしいと思いながらも、やっぱり気づくと自分が受けてきた国語教育、教科書の文学教材を詳細に読んでいく授業を実践していたのです。

学校の先生って、自分が受けてきたことを疑いなく再生産しちゃうことが多いのかもしれません。たしかに、いままでどおりやっていれば、誰にも文句はいわれないのです。つらいのは子どもたちだけ。

だから、ボクも続けちゃっていました。「国語ってこういうものだからしょうがないよな」って言い訳しながら。

「自由読書の時間」は大よろこび

いっぽう、読書は楽しいし、大切！　と思っていたボクは、二〇代のころ、クラスで毎日の読み聞かせ（「朝の連続小説」と呼んでました）をしたり、教室に多くの本をおいて、自由に読んでいい時間、「自由読書の時間」をとっていました。国語や朝自習の時間などに、一日一〇分間だけ好きな本を読む。いま、全国的に実践されている「朝読書」みたいなものですね。

これを続けているだけで、子どもたちって本が好きになっていきます。

「もう、終わり」といっても、無視して読み続けたり、「えー」「もう少し読みたいなあ」なんていったりもします。「読書の時間だよ」というと「イエーイ！」とよろこんでくれます。そんなようすを見ると、「子どもって、本やお話を読むのが本当は好きなんだなあ」と確信していました。

でも、あくまでもそれは国語の「読解」とはちがう、「読書」の時間。読書は楽しいけど、国語はつまらない、そんな時代が長く続いてました。

先生になったときから、少しずつ古本屋で児童書を買い足してきました。畳の間には、いつも一二〇〇冊ほどの本を並べてます

欧米では「読書」と「読解」を分けたりしないらしい

そんなある日、ある研修会に参加したときに、目からウロコの話を耳にしました。

欧米では「読解」と「読書」を分けたりしない。両方あわせて「reading」。日本のように、読書と国語を分けてるのは珍しい。

もっといろいろな読み物をたくさん授業のなかで読むとよい。本物の本を読む時間を国語の時間にとり入れるべきだ、という話。

なんと！　ボクが感じていた違和感は当たり前だったんだ！　と、なんだかうれしくなりました。そもそも教科書だけがすぐれた読み物じゃないよな、世の中にはたくさんの読み物がある。そういうさまざまな文学を手にとって読めるようになり、そこから学んだり、考えたりできるようになることが「読む」ことじゃないかな。

いくら畳の上で水泳の練習をしていても、実際の水で泳いでみなくっちゃ上達はしない。読むことも同じではないでしょうか。教科書に載っている短編を一〇時間もかけて読むだけで、本当にいいのでしょうか？　いや、それもあっていいのでしょう。だがしかしです。教科書だけじゃなく、本物の本を授業でたくさん読むことも大事。国語の授業で、読むことが好きになって、そしてたくさん読めるようになる。それが本当だと思うのです。とくに、小学校のときはたくさん読む、多読がベースだと思います。

おそるおそる授業に「本」をもち込んだ

その研修会で、新潟大学の足立幸子先生に聞いた方法が「文学サークル」（リテラチャーサークル）でした。

映画を見たり、テレビでドラマを見たときって、誰かと感想や意見をおしゃべりしたくなります。「来週どうなるんだろうねー！」「あの場面は納得いかないなー！」。それを本でやってしまうのです。簡単にいうと、「少人数で同じ本を読んでディスカッションする」読書会のようなイメージ。

「よさそう！」と思ったらまずやってみてから考える、それがボクの流儀です。さっそく先生仲間といっしょに実際に『一〇〇万回生きたねこ』★という絵本でやってみました。

すると、話しあっているうちに、一人で読んでいたのとはちがった読み方や考え方がどんどんでてきて、自分の読みがぐーんと広がっていくのを感じました。これは「やってみよう！」と思うのに十分な体験でした。読んだことを人と共有したり、話しあっていくなかで自然と読みが深くなっていく、読み方が身についていく。先生がわざわざ一文一文とりあげてこねくり回さなくてもいいのではないか。

おそるおそるボクは国語の授業のなかに、本物の「本」をもち込むことにしました。教科書以外のことをやるのはちょっとドキドキ。やってみてダメだったら撤退しよう、そう思って一〇時間ぐらいかけてやる教科書の教材を数時間でささっとすませ、いよいよ文学サークルを教室でやってみることにしたのです。

★『一〇〇万回生きたねこ』
佐野洋子 作・絵。
一九七七年発行の絵本の名作。一〇〇万回死んで、一〇〇万回生まれ変わったけれど、自分しか愛せなかったねこが、はじめて自分より大切で、自分も幸せにしてくれる「愛」を知っていくお話ですこれが大正解でした！　授業の感想でこんな声が聞けるようになったのです。

「文学サークルをやると、読むのが得意になるし、本が好きになりすぎて、寝不足になる！」。

先生や保護者もやりたくなる！

数時間やってみて、これは間違いない！　と思ったボクは、すぐに職場の先生や、学校にきている図書ボランティアの保護者の方に参観していただきました。まったく、怖いもの知らずです、いま思えば……。

そのときに図書ボランティアさんから、こんな感想をいただきました。

＊

子どもたちが予想以上によく話しあっていて驚きました。思い浮かんだことを書きます。

▽ふだんははずかしくて口にだせないことも話せる。身につけば生活のなかでも活かせると思いました。

▽いっしょに読む相手がいることで意欲がわく。

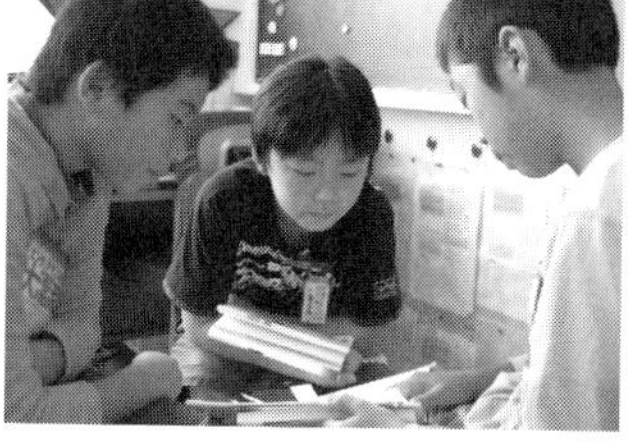

主人公の勇気について、熱く語りあっています

▽何ページずつかに分けて読むことで、分厚い本も読みとおすことができ、負担にならない。

▽厚い本を読めたという自信がこれからの読書につながる。

▽一人で読むとわからない言葉はとばして読みがちだが、グループでディスカッションすることで細かいところまで留意できる。

▽これから本の読み方も変わってくると思う。

▽ぜひ他のクラスも行なってほしいと思いました。

＊

保護者から「親でもやってみましょうよ！」なんて提案されたりもしました。もちろん、ボクの学校の同僚も実践してくれる人が増えています。先生どうしで文学サークルをやってみたりもしました。大人もやりたくなっちゃうってなんだかステキだと思いませんか？

TVドラマのように本にハマる！

文学サークル

では、文学サークルの具体的な方法についてご紹介したいと思います。

毎年、「この一年間で最も楽しかった授業」を子どもたちに聞くのですが、この文学サークルはベスト3から外れたことのない（！）子どもたちに大人気の時間です。

お手軽編　絵本で文学サークル！

一番お手軽な方法は、絵本を読み聞かせして行なう方法です。たとえば、『ロバのシルベスターとまほうの小石』★という絵本があります。こんなあらすじです。

「ある日、ロバのシルベスターは、なんでも望みがかなうという魔法の小石を見つけました。試しにお願いしてみると、いろいろ望みがかなってしまいます。シルベスターは大よろこびで家に帰ります。ところがその途中ライオンに出会ってしまいました。そこで……」

と、途中まで読み聞かせをし、子どもたちにこんなふうに聞きます。

「ライオンに会ってしまって、シルベスターはどうすると思う？　ペアでおしゃべりしてみよう！」

子どもたちは、こうなるんじゃないか、ああなるんじゃないかと、予想しながらおしゃべり

★『ロバのシルベスターとまほうの小石』
アメリカの絵本作家、ウィリアム・スタイグ作。一九六九年の作品で、日本での初版は一九七五年

します。これがとっても楽しそう！　二、三分たっておしゃべりが一段落したころ、「どんな話がでたか教えてくれる？」と聞いて発表してもらいます。このころには、「イワセン！　早く続き読んでよー！」と声が聞こえてきます。

そこでまた続きを読みます。シルベスターはライオンに会って慌てふためいて、つい、「ぼくは岩になりたい！」といってしまいます。そして岩になって一難を逃れるのですが、岩になってしまって、魔法の小石にお願いをいうことができなくなって、ずっと岩のままになってしまいます……。

「シルベスター、このあとどうするだろう。次は四人のグループでおしゃべりしてね」というように、途中途中で「続きはどうなるだろう？」「自分がシルベスターだったらどうする？」といった質問をはさんで、おしゃべりをして続きを読む、これを繰り返します。

これなら低学年でもできますし、六年生でも大よろこび。簡単でおススメです！

本格編　長編で文学サークル！

お手軽編で「本で話すのっておもしろいなあ！」と子どもたちが実感しはじめたころ、いよいよ長編にチャレンジです！

❶本を人数分用意する

子ども一人に一冊、同じ本を用意します。テーマをきめるとおもしろいです。五、六年生なら『二分間の冒険』（偕成社文庫）、『冒険者たち』（岩波少年文庫）、『テラビシアにかける橋』（偕成社文庫）など。三、四年生なら『十五少年漂流記』（ポプラ社文庫）や『流れ星におねがい』（フォア文庫）が盛りあがります。おススメは「冒険もの」。続きが気になってしょうがなくなります。名作といわれている本がおススメです。名作だけあって、深みのある話が多いです。

もし「そんなにたくさん同じ本を用意できない」というときは、とっておきの裏技を。五、六種類の本を四、五冊ずつ用意して、グループごとにちがう本を読むことにすればＯＫです。四、五冊ずつなら、図書館に相談すれば、選んだり集めるのを手伝ってくれ、本をそろえやすいですよ。

❷三〜五人のグループをつくる

子どもたちを三〜五人のグループにします。経験上は四人がベスト。本が何種類かある場合は、子どもたちに自分が読みたい本を選択してもらい、同じ本を選んだ者どうしで三〜五人の少人数のグループをつくるといいでしょう。同じ本に集中する場合もあるので、ここは先生も入っていっしょに相談してきめるといいと思います。

読書ノートを見せあいながら、熱く語りあっています。三〇分たってもとまらない！

❸ぜったい先を読んではいけない！

いっぺんにぜんぶ読むのは大変！　そこでボクは、本一冊を五回に分けて読むことにしています。話しあいは週に一回。大切なルールは、「ぜったい先を読んではいけない!!」ということ。先がわからないからこそ話しあいは盛りあがるのです。

❹話しあいたいことを準備する

子どもたちは話しあいの前にきめた範囲を読んで準備しておきます。ただ読んでおいてもなかなか話しあえないので、左のページのような読み方を使って、ノートに話しあいのネタ（きっかけ）をメモしておきます（じつは、このような読み方は、ある研究者が調査した「すぐれた読み手が使っている読みの方法」らしいです）。

❺さあ、いよいよ話しあおう！

書き込んだノートをもち寄って小グループで話しあいます。ボクのクラスでは二五分間とっていますが、それはそれはスゴイ盛りあがりようです。「もう終わりでーす！」と声をかけると「えー！　あとちょっと！　あと五分だけ！」っていいだすくらい。

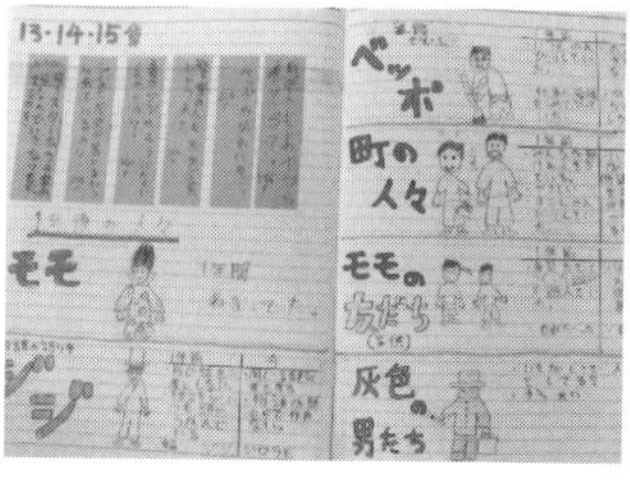

こんな感じでノートにメモしていきます！

なかには、読みながら気づいたことや質問を付箋にメモしていく子も。あとでノートに付箋を整理するだけ。おススメです

予想屋

本の続きを予想。これが一番盛りあがったりします。

つなげ屋

（自分、経験、他の本など）

「似たようなことを体験したことがある！」「この登場人物、自分に似ているなあ（または似てないなあ）」「もし自分だったら……」「他に読んだ本を思いだした」など、本とのつながりをメモします。

もっと話しあいが楽しくなる！読みのワザ

意識をすることで、読み込む力もグッとアップ。
クラスでの話しあいも活性化します！

いいところ捜査隊

～大事な情報を選ぶ～

物語で、いいなあ！ 大切だなあと思った文章、これはいい！ と思った文章や表現、大切なできごとなどを探してくる。

クエスチョナー

「なんでこんなことしたんだろう？」「これってどういうこと？」など、疑問・質問、話しあってみたいことをメモしておきます。

イラストレーター

（映像にする。映画のように思い浮かべる）
＝絵に描いてみる

好きなシーン、印象的なシーンを絵にします。子どもたち、これがけっこう好きです。話しあいでは「これどこのシーンだと思う？」「なんでこのシーン選んだかというとさー」と、楽しそうに絵を見せあいながらおしゃべりしてます。

参考：『リテラチャーサークル　アメリカの公立学校のディスカッショングループによる読書指導法』
足立幸子、山形大学教育実践研究 Vol.13 (2004)

もちろん最初のころはなかなかうまく話しあえなかったり、沈黙が起きたりしますが、あせらないことです。そのうちちゃんとじょうずになっていきます。子どもたちを信じて待つのが大事だと思います。

最後に、次回の範囲を確認して終了。これを五回繰り返すと一冊をちょうど読み終えることができます。

本が好きになる！

ボクの学校では三年生から六年生まで、この文学サークルをやっていますが、どの学年でもとっても盛りあがるみたいです。そして、読む量が圧倒的に増えます。

たとえば『チョコレート工場の秘密』を文学サークルで読んだ子たちが、同じ著者の他の本を購入して読みはじめたり、また別々のグループでちがう本を読んでいた子どもたちが、終わったあとに、貸し借りして読みはじめたりするなど、読書の幅も広がります。友達が楽しそうに話しあっている本って、気になりますよね。

また少人数ですから、いつもの一斉授業なら「お客さん」になっていた子たちも活躍できます。文学サークルをとおして自分の意見がいえるようになった！　という子もけっこう多いです。二五分間も四人で話すのですから、思いっきり授業の主役です！

担任であるボク自身も、子どもたちのようすをじっくりと見る余裕が生まれ、一人ひとりの成長を以前よりもたくさん発見できるようになりました。文学サークルでおススメの本を181ペ

あいかさん。もともと本が苦手で、10ページも読んだらすぐに飽きていましたが、最後は『冒険者たち』を夢中で読了してました

6年生最後の文学サークル。1ヵ月かけて400ページ以上ある『冒険者たち』を読みました

本とノートを広げながら、どのチームも話しあいに集中しています

ージに掲載しました。学級で、家庭で、ぜひやってみてくださいね。

ボクの家では、娘が小五のときに、妻と二人で文学サークルをやっていました（なかなか本を手にとらなかったので……）。『冒険者たち』という本を範囲をきめて読み、二人でお風呂のときにおしゃべり。まるで連続ドラマを見ておしゃべりするみたいに、話に花を咲かせていました。いまでは娘はボクよりもたくさん読むようになっています。

それにしてもなんでこんなに盛りあがるのか？　それはやはり、自分たちで本を選び、自分たちにまかされていると思えていることが大きいと考えています。「やらされる」から「自分からやる」への転換ってホントにパワフルです。

『モモ』。六年生の最後にこの本を読めるようになる、がボクの目標。複数のチームが文学サークルで読んで、盛りあがっていました！

先生ががんばって教えると、誰がカシコクなる？

105ページの授業レポートにもあるように、ボクのクラスの算数や社会の授業で、一斉授業はあまりありません。「エッ？」と思う方もいらっしゃるかもしれません。ボクが大切にしているのは、「先生の一番の仕事は、教えることだけではなく、子どもたちが学ぶ環境を整える人」ということです。なぜかといいますと――。

野外では意欲的なのに、授業になると……

ボクは学生時代、小中学生のキャンプリーダーをしていました。そこで出会った子どもたちの意欲的なことといったら！「チームで協力して、地図とコンパスを使って、○時までに目的地に到着しよう！」という課題に嬉々として取り組む。「ここにある食材で、メニューも自分たちで考えておいしいオリジナル夕食をつくろう！」という課題にも、必要なことは大人に聞きながら、みごとにおいしいごはんをつくりあげる。彼らのイキイキとした表情は、ボクが「先生になりたい！」と思った大きな理由の一つです。

だがしかし、いざ先生になり、教室で見た子どもたち。休み時間は元気いっぱいなのに、授業になると、みんなシーン……。ノートに落書きしている子もいます。

「こら！　もっと集中しなさい」と、ときには声を荒げたりします。でも、注意したところで子どもがイキイキとするわけもなく、むしろもっと雰囲気が悪くなり、子どもたちの目が沈んでいく……。

そんな子どもたちも、総合的な学習の時間や生活科で、大豆をそだててきな粉をつくったり、みんなで演劇をつくったりしたときって、やっぱりイキイキとするんです。「もっとやりたい！」「次はこんなふうにやってみたい！」ってなるんです。

このちがいの理由は、自分に当てはめてみるとわかりました。先生であるボクたちも、研修での「講義」ばかりが続くと眠くなるときがありますし……。ただ聞いているだけって退屈です。でも自分で選んで参加した講座やワークショップでは、積極的になれる。まわりの人とかかわったほうが意欲的に参加できる。大人も子どもも同じですよね。

自分たちで「こうやりたい！」と思って自由にチャレンジできると、ボクたちはやる気になる。友達と協力して学べると楽しくなる。キャンプや総合のときは、自分で考えてチャレンジできたから、どんどん意欲がわいたんだ。周りの友達と協力できたから楽しかったんだ。なのにボクのふつうの教科の授業はそうなっていない。

そこを出発点に、「自分たちで課題に向かって学びあう授業」の方向に少しずつ変えていったのです。もっとも、それに気づいたのは先生になって一〇年たってから。ずいぶん時間がかかりました。

九〇%記憶する方法があった！

ボクたちは、どんなときによく学べるのでしょう？　ボクが聞いておどろいた、「学んだことをどれだけ記憶にとどめられるか」を明らかにした調査結果があります。

聞いたとき…一〇%　見たとき…一五%　聞いて見たとき…二〇%

聞いて話したとき…四〇%　体験したとき…八〇%

ここまでは、納得できる感じです。読者のみなさんは、最後の「体験したとき…八〇%」を超えるのはなんだと思われますか？

じつは——。「教えたとき…九〇%」の割合で記憶にとどまるというのです。

となると、先生が黒板の前に立って一生懸命説明すればするほど、カシコクなるのは先生ばかりで、子どもたちの記憶は一〇～二〇%。逆に、先生が教えることを控えめにし、子どもどうしがお互いに教えあうほうが、ずっと多くの学びが得られそう。実際、そのような授業にしたら、テストの点も大きくあがりました。

授業はこんな感じです

授業のスタイルはきわめてシンプルです。

学んだことをどれだけ記憶にとどめられるか
体験したときを超えるものはなに？

『効果10倍の学びの技法』（PHP新書）より

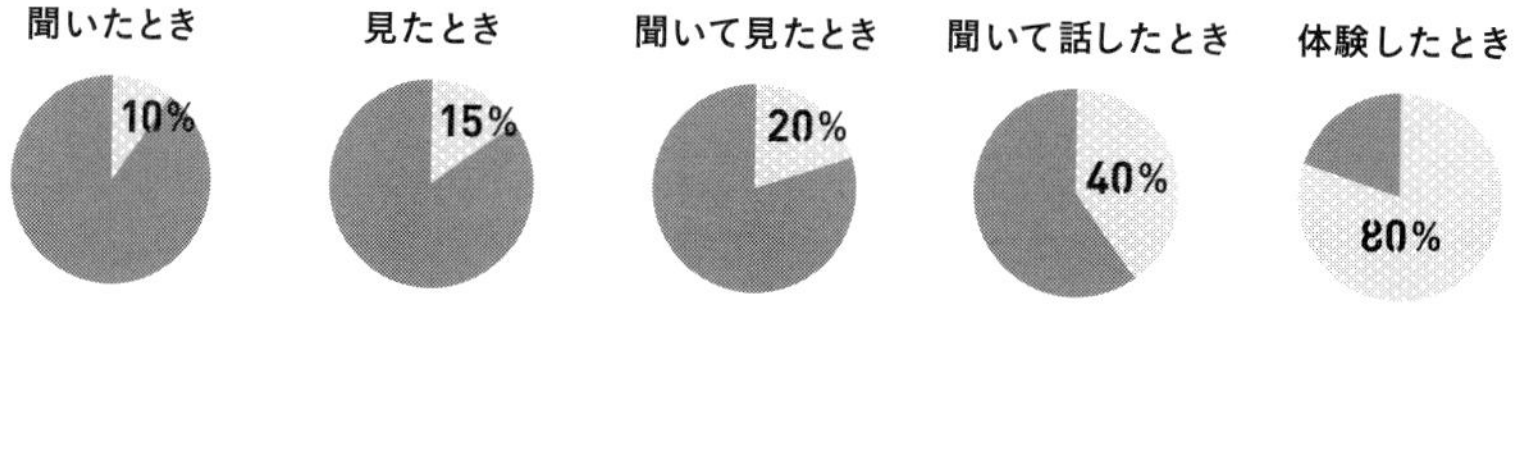

◆課題をきめるミニレッスン

みんなで達成するための課題をきめます。110ページの算数の授業のときは、「クラスみんなで、多角形の角の大きさの和の求め方をいろいろな方法で発見しよう!」、社会の授業では、「教科書よりわかりやすい新聞をつくろう」でした。キャンプのときの「ここにある食材で、メニューも自分たちで考えておいしい夕食をつくろう!」と考え方は同じ。

ポイントは、「その時間、なにを達成したらOKといえるのか」というゴールをはっきりとすることです。ゴールから授業をイメージすること、そのゴールを子どもたちと共有することがとっても大切です。そして、もう一つは、「子どもたちからみても、なにをすればよいか、どうすれば達成したかがわかる課題」にすること。算数の例でいえば「多角形の角の大きさの和の求め方を、四つ以上見つけて説明できるようになる」としたほうがよりよいかもしれませんね。その課題の説明に最初に一〇分〜一五分ほどとります。

そのさい、「今日、自分はどのように授業に取り組みたいか」などの目標をきめることもありますし、ボクが大切だと思うポイントを教えたり、習ったことを復習したりもします。いわばミニレッスン。短く教え、今日の課題を確認する時間です。なにをどう短く教えるか。この短い時間にこそ、もしかしたら先生の専門性が問われるのかもしれません。

◆子どもたちの学習タイム

たとえば、110ページの算数の授業では、誰と相談しても自由。もちろん一人でチャレンジしてもかまいません。他の教科や時間では、たとえば一人、ペア、グループ、全体と、内容と必要に応じて柔軟にグループサイズを変えていきます。ずっとこのように取り組んできているので、子どもたちは積極的。男女もまじってとてもいい雰囲気！　お互い協力しあい、学びあう時間が多ければ多いほど、周りの人といい関係をつくって協同していけるようになります。

そのようすを見て気づきました。「人とかかわって学べば学ぶほど、学習の意欲が増す」ということです。学習意欲って、「子どもを引きつけるおもしろい教材」からのみ生まれるのではなくて、人とかかわることで生まれてくるもののようなのです。

もちろん、ボクも子どもたちにまじって、声をかけたり、教えたりもしていますよ。一人ひとりを観察する時間が生まれるからこそ、ボクらは、いろんなニーズをもった子どもたちに個別にサポートすることもできるようになります。

◆ふりかえりタイム

最後の五～一〇分はふりかえりタイム。今日学んだことを整理したり、説明しあったり、確認問題をみんなで解いたり、「今日よかったことはなんですか？　改善点は？」というように問いかけたりします。また、算数カルテ（104ページ参照）を実施して、個々の課題達成の状況も把握します。

これで本当に子どもたちはできるようになるのでしょうか？　あくまで一つの指標としてで

すが、業者テストで平均が九〇点を超えることも珍しくありません。そしてなにより、子どもたちがとても積極的に学ぶようになります。

ある日、保安官バッチを捨てた

もちろんこの授業、はじめからうまくいったわけではありません。最初は仲のよい子とくっついて離れなかったり、男子は男子と、女子は女子とだったり、あそぶ子がいたり、ムダ話をしたり……。

「仲よしとばかりくっついていてもしょうがないだろう！」とお説教することもしばしば。「ちゃんとやっているかどうか」を見張る保安官のようなふるまいをしていました。保安官になると、悪いところばかりが目につきます。そして注意ばかりするという悪循環。そのうち、子どもたちはボクの顔色を見て行動するようになりました。「これならいつもの授業のほうがいい。だって先生が不機嫌なんだもん」……。

で、ある日、保安官バッチを捨てました。この授業のなかでの子どもたちのプラスの行動、いい行動だけに目を向けよう！　と堅く心に誓ったのです。「お！　積極的に教えに行ったね！」「友達関係を超えたねー！」「あ、いい教え方！」といい情報を拾って積極的に認める。気になる行動には、できるだけ注目しない。奥歯をかみしめながら、がまんして待ちました……。するとじょじょに雰囲気が変わってきました。子どもたちがこの時間を楽しみにするようになったのです。

また、自分の想いもよく話しました。そのときに活用したのが前出の「クラス目標」です。「三月にどんなクラスになっていたいか？」という夢をみんなでつくり、本気でそこをめざす。ちょうど、サッカー日本代表チームが「ワールドカップベスト4をめざす！」というように。

その当時のクラス目標に「チームワーク、チャレンジ、スマイルで宇宙一のクラス！」というのがあったのですが、「ボクたちのクラスは、宇宙一のクラスになるんだよね？　みんなでゴールをめざしてるよね？　ボクもそんなクラスにしたい。だから授業中もそうしよう！　みんなにはそうしていく力があるよ！　ボクも一生懸命サポートするよ」って、あらゆる場面で話し続けてきました。

教室リフォームプロジェクト（16ページ）やお掃除プロ制度（21ページ）、プロジェクトアドベンチャー（47ページ）で培ってきた協力関係・人間関係を授業中にも思いっきり発揮できる場面をつくり続ける。それが遠回りのようで一番の近道のようです。

先生の役割ってなんだろう？

この授業を繰り返していくうちに、どんどん子どもたちの学びあう質は向上していきました。なにごともできるようになるには、練習が必要なんです。そこまで教師が待てるかどうか。じつはそこが一番大事かもしれません。「子どもたちには自分たちで選んですすめる力がある」「自分たちで学んでいく力がある」という一点を信じて待つ。これがけっこうたいへんです。

この授業での先生の役割はなんでしょう。ボクは、以下のように考えます。

役割1
子どもたちが安心して学べる環境をつくること。そのためには安心して教室にいられる、安心して新しいことにチャレンジできる人間関係を築くサポートをする。

役割2
友達と協力し、刺激しあい、語りあい、学びあったりするなかで、お互いに触発されて学んでいけるような授業をデザインする。

役割3
保安官バッチを捨て、子どもたちのプラスの行動に目を向ける。先生自身がニコニコしていて、いい学び手のモデルになる。

役割4
なにを達成したらよいのか、なにを身につけたらよいのか、なにができるようになればいいのか、というゴールをはっきりと言葉にできること。

漢字や計算ができるようになることは大切です。でも、それと同じくらい、「人とどのようにいい関係を築いていくかを知り、協力していけるようになる」「自分たちで考えて、協力しあいながら課題に向かっていけるようになる」ことも大事だと思うのです。教科の授業でも、それを学べるようにしたい。ボクはそう考えています。

子どもたちの「こんな先生はイヤだ！」

- クラスのことを放っておく
- とちゅうで口だししちゃう
- さべつキンシ！
- なやみをかくす
  ⇒みんなを信頼して相談しましょ
- 低い目標をたてる

（子どもたちが考えた「クラスづくりの極意」より171ページ）

評価＝子どもを「選別」するもの？

テストや通知表の結果だけが評価？

「評価」という言葉を聞いてどんなものを思い浮かべますか？　テストや通知表など、どちらかといえば「判定されるもの」という否定的なイメージがつきまといがちです。評価が返ってきても、よろこぶか悲しむかでおしまい。大人になっても業績評価、人事評価などなど、けっして前向きな言葉として響いてきません。

ボクも若いころ、「評価」というとなんだか子どもを「選別」しているような気がして、気のすすむものではありませんでした。どちらかというと避けて通りたいような……。でも評価って、本当にそんなマイナスイメージのものなのでしょうか。

そんなとき、ボクが信頼するよき助言者である吉田新一郎さんに、こんな定義を教えてもらいました。「評価＝子どもたちの成長に役立つもの」。

ボクにとって目からウロコでした。評価の本当の目的は子どもたちを判定するものではなく、子どもたちの学びをよりよくするものだということです。つまり、評価とは、子どもたちの学びや成長をサポートすることだということ。評価すればするほど、子どもたちは成長していく！どんどんやる気満々になっていく！　そんなふうになると、「評価＝ポジティブなイメージ」になります。

何度でも受けられるテスト

たとえば、算数のテスト。全部終わってから「七〇点」というテストが返ってくるだけでは、その子にとって成長のサポートにはなりそうにありません。「あーあ、お母さんにまた怒られる」といってくしゃくしゃとランドセルに詰めておしまい……。

そこでボクはときどき、「何度もテストを受けられる方式」をやったりもします。従来のテストのように一発勝負ではなく、できるようになるまで何回やってもＯＫ。自動車運転免許証の試験なども、合格するまで何回でも受けられますよね。できるようになるのが目的ですから、よく考えてみると当たり前のことです。学校の勉強だってみんなができるようになるのが目的。だったら何回受けてもいいはずです。

❶ テストは何度でも受けられるようにたくさん用意しておく。

❷ 納得のいかない点数だった場合（または合格点にいかなかった場合）、何度でもテストを受けてもいい、ということを伝えておく。目標は「一人ひとりがちゃんとできるようになること！」ということも話しておく。

❸ 一回目のテストをみんなで行なう。

自分で納得のいく点数がとれたら、友達のサポートにまわって教えあう

❹ 二回目を受けたい人は、テストで間違えた問題を中心にもう一度学習する。
そのとき、もう納得のいく点数だった人（合格だった人）は、友達のサポートをする。

❺ 準備ができたら二回目のテストを行なう。

❻ 納得がいく点数まで何度受けてもいい！

これで一時間、あるいは二時間授業。あとは休み時間などにリベンジです。

「一発勝負よりこの方法がいい。カンペキになるまで覚えるから！　先生がいっぱいいて、すごくいい勉強になる。そしてみんなでいっしょにゴールに行けるからいい」と子どもたちの反応も上々です。テストをたくさん用意するだけでＯＫ。全員がわかるようになることこそ、ボクたちがめざすところなのですから、こんな方法もあり！　です。ただ、一回目のテストで結果がよくなかったということは、ボクの授業がよくなかった、ということでもあります。ボクたちが自分の授業をよりよく改善していくためのデータ。それがテストともいえます。

公平にプラスの言葉をかけまくる

「子どもたちのがんばりや成長を発見し、それを認め、いっしょによろこぶこと」こそ、最大の評価（むずかしい言葉でいうと、承認と共感）。そう考えると、毎日の学校生活でやれることはたくさんあります。

その場でどんどん「おー！　ていねいに書いているねー！」「教え方がうまいね！　具体的でわかりやすいよー」などなど、ポジティブな言葉で声をたくさんかける。ボクはこれを「プラスの言葉シャワー」のごとく意識的にやっています。大切なことは、「みんなに公平に声をかけまくること」。ついつい、ふだん落ち着かない子や気になる子にばかり声をかけてしまいがちなのですが、地道にがんばっている子って、クラスにたくさんいるのですよね。だからこそ「公平にポジティブな言葉をかける」を意識しています。

これってすごくクラスを、そして一人ひとりの心を温める、元気にすると思っています。先日、同僚の先生が「ボクは、そうやってほめたり、認めたり、感謝したりするの苦手なんですよねえ……」とこぼしているのを聞いて、「もったいない！」って思いました。だって、その先生、職員室でいっぱいクラスの子のいいところを自慢しているんです。「ぜひ、それを伝えなよー！　ボクは毎日それこそシャワーのようにいっているなあ」と伝えました。

とはいっても、ボクも昔からこういうことが得意だったわけではありません。むしろ苦手でした。照れくさくて……。そこで練習したんです。右のポケットにクリップをたくさん入れて、その場でプラスのフィードバックができたら、左のポケットにクリップを一つ移す。一日終わったら、いくついえたかが一目瞭然。それに、クリップがポケットに入っているだけで、意識していいやすくなります。そうやって、意識的にトレーニングし、いまではとっても自然にいえるようになりました。自分のなかの「当たり前」になった気がします。

ボクは「信頼の見える化（可視化、可聴化）」といっていますが、それってきっと、もって生まれた才能ではなく、練習で身につけられるものじゃないかなあと思っています。

聞いた話ですが、人はよいところと悪いところを「一：一」でいわれた場合、「否定的に扱われている」「怒られてばっかり」と感じ、それが「四：一」になったときにようやく評価が同じになった、と感じるそうです。温めすぎ、ぐらいがちょうどいい。これはボクの経験則からも確信をもっていえます。日々子どもたちをよーく観察して、いいところがもっと伸びていくように声をかける。これこそがボクたちができる最大の「評価」です。

家庭学習も楽しく「評価」！

家庭学習や宿題の評価もけっこう頭を悩ませます。家庭学習は一人ひとりがノートを一冊用意して、家庭で「自分が必要な学習、やって楽しいと思える学習を自分で考えてやってくる」というものです。簡単にいうと、「自分で考えてやってくる宿題」。だいたい一人一日三〇～四〇分が目安です。計算や漢字練習をしたり、読書をしたり、授業で習ったことをノートにまとめたり、日記を書いたり、と内容はじつにさまざまです。星の好きな子は星座を調べてまとめてきたりもします。とはいっても、自分で内容を考えてやってくるのってけっこうたいへん。楽しくすすめられる子もいれば、あまりやらない子もでたり、とさまざまになります。

どうやったら子どもたちの家庭学習がよりよくなっていくのか……。ボクは子どもたち一人ひとりと、家庭学習のふりかえりの時間をもっています。

畳の間で一人ひとりと家庭学習のふりかえり

❶ **自分の半年の家庭学習ノートを見直し、ふりかえりシート★の質問でふりかえる。**

❷ **そのシートと、今までの家庭学習ノート全部を用意し、ボクと一対一の面談。**

❸ **子どもたちは、二分で自分の家庭学習についてボクに説明する。**

❹ **その説明をもとに、一〜二分、これからどうしていきたいか、どんなサポートがほしいかを、二人で話しあう。**

❺ **握手して終了。**

「どうしていきたいか」に徹底的に焦点をあてる

ここでボクが気をつけていることは、「子どもたちの心を温める」ことに意識を注ぐこと、「子どもたちの応援団」であること。「四：一」の原則です。やっていない子に、怒ったり、注意しても、それは結局、「怒られるから」やるだけで、けっしてやりたくてやるわけではありません。それに、本人が一番わかっていたりします。面談でも、「どうしても雑になっちゃうんだよね」「ついついめんどくさくなってサボっちゃうんだ」なんて話してくれます。

★ふりかえりシート

①私の、この半年の家庭学習に点数をつけると　　　点。

②その理由は……

③私が家庭学習で成長したところ、力がついたこと、がんばったこと、よかったこと、じまんのページは……

④私の家庭学習で、ざんねんだったこと、うまくいかなかったこと、なやんでいることは……

⑤私の家庭学習をもっとよくするには……

⑥おうちの方の一言コメント

このシートを家で書いてきて、家庭でもコメントをもらってきます。おうちの人にも、子どもたちの家庭学習に関心をもっていただき、子どもたちを認め、はげましていただきたいなあと思ったからです。

そうしたら、「そっかあ……。どうすればいいかなぁ」「自分の家庭学習に何点つけられるようになりたい？」「ボクがサポートできることってある？」と相談に入ります。「どうしていきたいか」に徹底的に焦点をあてて話しあうと、いろいろな改善のアイデアがでてきます。

たまにはこんなふうにていねいに評価をする時間をとってみるのもおススメです。一人あたり三分くらいなので、全員とやっても授業二時間分。その間、ほかの子どもたちは、個人でできる学習をやっていきます。改めて考えてみると、子どもたちとこのように一対一でじっくり話しあう機会ってないものです。その面談終了後、多くの子のモチベーションがあがり、はりきって取り組みはじめました。

ちなみにこの実践は、ボクの親友、埼玉県の小学校の先生、伊垣尚人さんのアイデアです。いいなあと思ったことは、節操なく（？）まずやってみる！　ボクはこんなふうにしていろんなことにチャレンジしています。

自分でつくる通知表!?　ポートフォリオ

ボクのクラスでは一人一冊、Ａ４のファイルをもっています。

そのファイルに毎週金曜日、「今週自分ががんばったことや成長したことがわかるものを入れる」ということをやっています。いわゆる、ポートフォリオ（学習途中で生まれる成果物を一元的にファイルしたもの）です。

子どもたちは、その週でじょうずにまとめられたノートのページ、読んでおもしろかった本

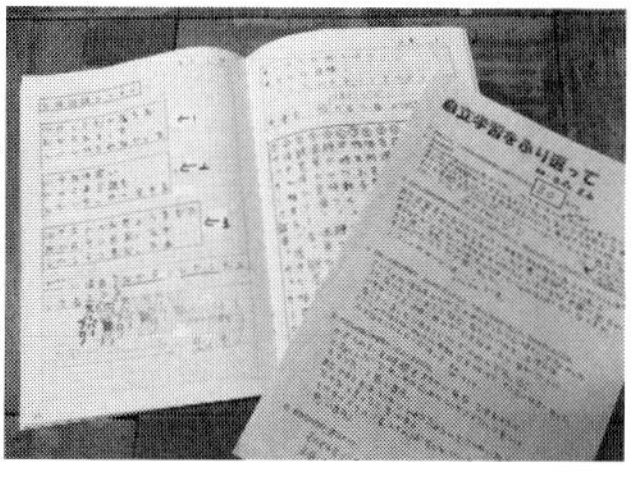

家庭学習（自立学習）のノート（左）と、ふりかえりシート（右）

の表紙、いい成果のでたテスト、家庭学習でがんばったページ、体育の学習カード、などなど、「自分の成長が感じられるもの」を自分で選び、思い思いにファイルに入れていきます。教室には、ボクが友人からもらった「スキャナー付きプリンター」がおいてあり、子どもたちはこれで自由にコピーをとり、そのコピーに「なぜこれを選んだか」「どんなところをがんばったか」など一言コメントを書いてファイルします。

子どもたちはこのポートフォリオづくりが大好き！　自分にとってプラスの情報がたまればたまるほど、どんどんうれしくなっていくようです。たくさんたまると立派な「成長の記録」になります。ある意味では、通知表よりも自分の成長を「自己評価」できるものになります。

これをもとに三者面談で子どもたちが保護者に「自分の成長をプレゼンテーションする」というのもいいかもしれません。ボクの学校には三者面談がないので、友達どうしでプレゼンテーションして、コメントしあう、なんてことをしています。

先生一人でがんばらなくていい「相互評価」

〈評価をする＝先生の仕事〉とボクはずっと考えてしまっていました。でもそれって本当でしょうか？　三〇人以上いる状態で先生一人でがんばるには限界があります。というか実際には無理です……。でも、教室にはたくさんの子どもたちがいます。そこで子どもたちどうしで評価しあう、成長をサポートしあう「相互評価」をボクはたくさん使っています。そうすると先生もいい意味でラクになり、子どもたちも友達にアドバイスすることで自分も成長できます。

たとえば、「ノートの書き方」で考えてみましょう。

先生が一人ひとりのノートに「もっと整理して書きましょう」などコメントを書くのは大変。ついついノートがたまってしまいます。これを一気に解決してくれる方法が「ギャラリーウオーク」です。美術館で作品を楽しむようにお互いのノートを見あうんです。

❶ 各自の机の上にノートを広げる。全員大きめの付箋と鉛筆をもって、美術館のように広げたノートを見て歩く。

❷ ノートを見て「いいなあと思うところ。マネしたいなあと思ったところ」「もっとこうしてみたら？　というアドバイス」の両方を付箋に書いてプレゼントとしてノートに貼る（「いいことのほうをたくさん書こう」と強調）。

❸ ある程度時間がたったら、席に戻り、「見て歩いて、自分もマネしたいなあと思ったこと」「付箋を読んで、次に活かしたいと思ったこと」をノートにまとめる。

見て歩いているだけで、「ああ、こうやって書けばいいのか！」と子どもたちはいいところをマネしはじめるから不思議です。もちろんボクも子どもたちにまじってコメントを書いています。こんな大がかりじゃなくても、お隣の席の人と交換してコメントを書きあう、なんていうことは五分もあればできます。書くひまがなかったら、口頭で伝えあうだけでもＯＫです。

「算数カルテ」で誰が困っているか一目瞭然

この相互評価、教科の授業でも活用しています。

たとえば、ボクは算数の授業の最後の五～一〇分の「今日のふりかえり」の時間に、「算数カルテ」という小さいプリントをやっています。その日の授業がちゃんと理解できていれば解ける、数分でできるミニテストみたいなものです。

これをやったあと、お隣の席の人とマルつけをしあいます。同時に、もし間違えていたら教えあったり、両方マルでも解き方を説明しあったり、と二人で今日の授業で学んだことの確認をしあいます。先生はプリントさえつくっておけばOK。子どもたちで確認しあうのでラクチンです。

このプリントを最後に集めれば、ボクにとっても誰が困っているかが一目瞭然ですし、なにより自分の授業の見直しになります。できていない人が多いと、「あー、今日の授業のすすめ方に問題があったんだなあ……。明日はちょっと改善しよう」とふりかえります。

通知表も、もちろん大切です。

しかし、そこにだけフォーカスするのではなく、それよりも日常の評価を大切にする、そのほうが子どもたちにとってずっとずっとプラスになる！　そう確信しています。

毎日、帰りの会が終わったら、全員とハイタッチしてお別れしてます

授業レポート

イワセン学級の一日

ボクのクラスの日常の1コマをご紹介します。
農文協の雑誌『食農教育』の記者さんが
取材されたときのレポートをお読みください

教室前方のウレタンマット。各自、居心地のよい場所で勉強してよい

教室の形といえば、正面に黒板と教壇があって、その左に先生の机がある。児童生徒の椅子と机は、まっすぐ整然と正面をむいていて……。

教室とはそんなものだ、と思っていたが、岩瀬さんのクラスを訪問し、そんな常識がくつがえされた。確かに教壇は前にあるが、先生の机は後ろの出入り口、つまり廊下のすぐそば。教室前方の窓際には、ウレタンマットと小机が設置され、授業時間もリラックスして課題に取り組む居場所が用意されている。さらにうしろの窓際には、なんと四畳の畳の間。そのまわりを児童文学がぐるりと取り囲んでいる。

常識の外。岩瀬さんのクラスは、一事が万事そんな感じ。

畳の間に座って文学サークルの
話しあい。ここからみる教室の
風景は、なんだか温かみがある

1人で読むより楽しい！　どんどん理解が深まっていく

教科書を読むのかと思いきや、子どもたちは「ほんものの本」をとりだした。

なにをするのか？　四人一組のチームをつくって、文学作品をいっしょに読んで、話しあう「文学サークル」。でも、文学の話なんてそう簡単にできるもんじゃない。だから、役割をきめる。疑問に思ったところを伝える「クエスチョナー」、自分と共通する部分を探す「つなげ屋」など。役をきめて、話のきっかけをつくる。自分が見過ごしていた部分を友達がおもしろがったりしていて、理解が深まる。

チームできめたところまでしか読んでこないのも、大事なルールだ。テレビの連続ドラマをみるような感覚で、読書量はどんどん増えていく。

どの授業でも、最後には必ず「ふりかえり」を書く

文学サークルのノートは、イラストや付箋でどんどんにぎやかに

休み時間

男女対抗のSケン（34ページ）を、黒板で呼びかける

会社活動（27ページ）で飼育中のハムスター

今日のSケンは女子チームが優勢…!?

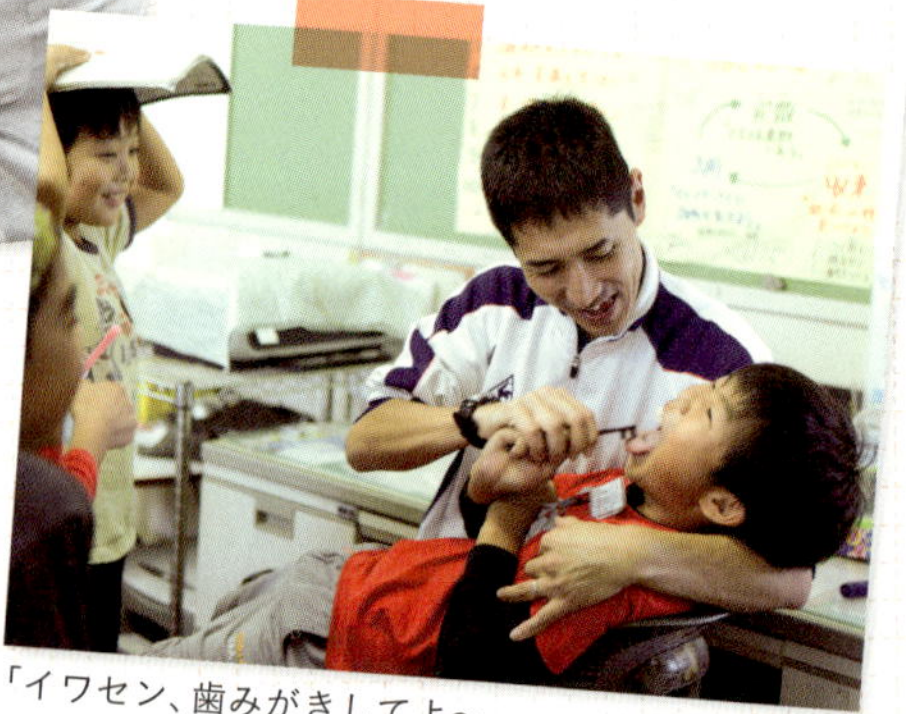

「イワセン、歯みがきしてよ～」
とよってきた子どもに……

畳の間でゆっくり
過ごすことも…

こんにちはー
ピーッス!

教室前の廊下。酢と水とカンキツの皮を煮た搾り汁で壁磨き。けっこうよく落ちていた

家庭科の先生に教えてもらったアイデア

掃除の時間

たくさん集まりました！

掃除当番といえば、ふつう一週間交替で担当場所がぐるぐる変わる。ところが、岩瀬さんのクラスでは、学期中はずーっと同じ場所。飽きちゃわないかな？ と思ってしまうが、その反対だ。

子どもたちは担当場所についての「プロ」になる。ただ、キレイにするだけでなく、居心地のよい空間にすべく、自由な発想でその場所をアレンジしてよいのだ。トイレに「ようこそ」という看板をつけたり、ポスターを貼ったり……。

教室前の廊下が担当の二人は、酢と水とカンキツの皮を煮た搾汁を使って壁磨きをしていた。家庭科で習ったことを即実行。クラスのみんなに協力してもらって皮を集めたのだとか。

5年生の算数。この日の課題を全員で確認したあとは、立ち歩きOK、黒板も自由に使ってよい

算数の時間

まず、岩瀬さんが黒板に「多角形の角の大きさの和をいろいろな方法で発見しよう！」と書いた。

次に、前回の授業のおさらい。適当な四角形を黒板に描く。対角線を一本引いてできた二つの三角形から四角形の角の和をだす方法、あるいは、対角線を二本引いて四つの三角形をつくり、そこから答えを導いた子の方法をおさらいした。

ここで岩瀬さん、おもむろにコッチーとアイリの前回のふりかえりノートを開いた。

「今日はアイリがいて、めちゃくちゃよかった〜。アイリがいろんな人から情報をもらってきてくれたから、とてもやりやすかった。またアイリとやりたーい！」（コッチー）

「今日はコッチーに自信をもってほしいから、『自分で教えてっていってみ！』っていったら、一回目はいえなかったけど、二回目はサヨに『教えて』っていえたんだよ！　明日もコッチーに教えるぞー！　なんか燃えてきた。コッチーありがとう！」（アイリ）

「教えたほうのアイリが『ありがとう』っていえてるのが、いいよね。今日は五から七、八

多角形の角の和を求めるべく、プリントの図形をノートに切り貼り

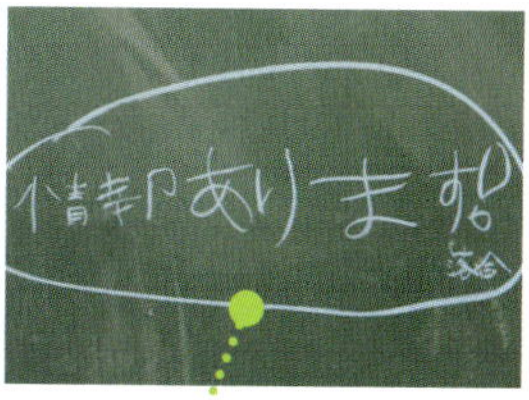

黒板は、情報交換のための掲示板のように使ったりもする

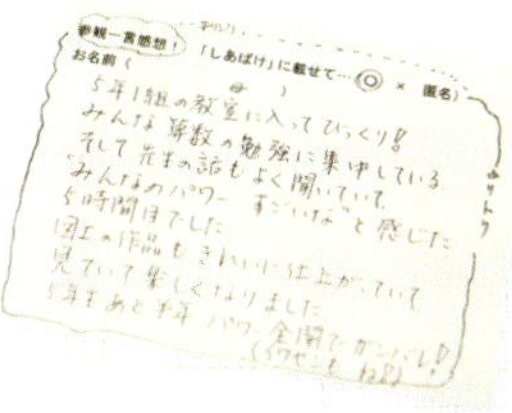

参観一言感想!
お名前(母)
「しあばけ」に載せて…◎ × 匿名)
5年1組の教室に入ってびっくり!
みんな算数の勉強に集中している
そして先生の話もよく聞いていて
"みんなのパワー すごいな"と感じた
5時間目でした
図工の作品もきれいに仕上がっていて
見ていて楽しくなりました
5年まあと半年 パワー全開でガンバレ!
(イワセ先生 [illegible])
サトウ

算数の授業を参観したお母さんからのお手紙

角形くらいまでの角の大きさの和がわかるようになるといいな。いろんな方法で、いっぱい多角形を描いてみて。とその前に、このクラスの目標を達成するためにどうやったらいいか? 一分間考えて!」と、チームワーク・チャレンジ・スマイルで宇宙一のクラスをめざすという目標を、毎回のごとく確認した。

一分後。黒板に向かう子、プリントにある図を切り抜いて分解する子、ノートに貼り付ける子……。子どもたちは図形をいじる楽しさにはまっている。教室全体が「発見したい!」という気持ち、熱気に包まれた。

すると、男の子が「百角形の和もわかった! 一万七六四〇だ」といいだした。それを見たもう一人、「そうか、角の数から二を引いて、一八〇をかければいいんだ」。「おーっ、スゴイ発見につながりそうだね。じゃあ、なんで二を引けばいいか、考えてみようよ」と岩瀬さん。

最後に各自の発見をまとめて終える予定だったそうだが、予想以上の熱気に、もう一時間この授業を続けることに……。

従来の、先生と児童の「教える」「教えられる」関係は、ここにはない。岩瀬さんがクラス全員に語ったのは、算数の内容でなく、コッチーとアイリが学びあっている、「その関係がステキだ」という話。教室の秩序を維持するための、張り詰めた空気もなし。にもかかわらず、集中して(あそびのときのように)頭と身体がよく動いている子どもたちの姿があった。

「百角形の角の和もわかった！」という子が、その計算方法を披露。みんな、真剣な表情で説明を聞いている

第3章

がんばらなくてもいい
仕事の仕方

ボクの一日実況中継

家にもち帰らない仕事の仕方

みなさんは学校（お仕事）から帰るのは何時ぐらいでしょうか？　一日に何時間ぐらい教室（職場）にいますか？　ボクは若いころ、毎日八時、九時まで残って仕事をしていました。よく考えてみると学校に一二、三時間い続けていたんです。それが当たり前になっていました。さらに仕事って、やりだすときりがありません。いくらでもできちゃうんですよね。ときには、休日も出勤。家にも仕事をもち帰ってやるのも当たり前。いつの間にかそんな仕事の仕方が当たり前になっていました。

でも結婚し、子どもが生まれてからはそんな仕事の仕方ができなくなってしまいました。いまは中一の娘、小二の息子、そして三歳の娘。五時四五分に学校を飛びだして学童や保育園のお迎えに……。妻も学校の先生をしているので、家事も二人で分担しなくてはなりません。

でも、やればできるものです。

いまは、五時四五分には退勤し、学童にお迎え。家に帰ってからは夕ごはんをつくりながら息子の宿題をみて、妻と娘の帰りを待ちます。ごはんが終わってからも子どもたちとあそんだりお風呂に入ったりして、のんびり過ごします。自分の時間ができるのは九時すぎ。基本的に夜は学校の仕事をしないときめて、もち帰らないようにしているので、夜は本を読んだり、パソコンでブログを書いたり（ときにはＴＶゲームをしたり……）と、自分の時間を過ごしています。

仕事の仕方をちょっと工夫したことで、いままでよりも楽しく、ゆとりある生活が送れています。仕事の質も昔よりあがっているような……。

昔の自分がタイムマシンに乗って、いまのボクを見にきたら、「え！　五時半に帰って、仕事ももち帰らずどうやって仕事してるの？？」とおどろくでしょう。先にタネあかしをしちゃいますが、原則は三つです。

①「無理をしない。がんばりすぎない！」②「時間内でできることだけをやる。あとは効率で勝負！」③「時間内にできないことはあきらめる」。

ではいま、ボクはどんな一日を過ごしているか、ちょこっと紹介してみますね。

朝の一時間で、授業内容の確認・プリント作成など

ピピピピ！　五時半に目覚ましが鳴ります。

朝起きると、急いで着替えてコーヒーを入れて、仕事開始。六時半までの一時間は、学校の仕事の時間にしています。その日の授業の内容の確認、プリントの作成など。ときには事務仕事もやります（どんな仕事をやるかは、後述の「明日やることリスト」にそってやります）。

朝って、とても能率があがります。しかも「一時間しかない！」というタイムプレッシャーで、昔学校で夜にだらだらやっていたころの二倍以上の勢いでこなせるようになりました。疲れがたまっているときは寝坊することもありますが、「がんばりすぎない」ことも大事と自分

に言い訳……。

六時半になると、子どもたちを起こし、ボクは朝食係なので朝食をつくりはじめます。

妻はその間に、子どもたちの準備の手伝いや洗濯。七時に朝食が完成して「いただきます」。新聞をぱらぱらと見たり、おしゃべりしたりしながら朝食をとります。食べ終わると、食器を片づけたあと、子どもたちの準備をせかしつつ、七時四五分に小学生の息子とともに学校に出発です。

「その場で終える」が大原則！ ノート・テスト返し

ボクの教室での仕事の大原則は「すぐその場で終える」です。たとえばテストは、終わった子からどんどんもってきてもらい、その場でマルつけをして返します。こうすると、子どもたちも、間違えた問題をすぐに友達に教えてもらったりしてテスト直しができ、ボクもマルつけの仕事をもち帰らずにすむので一石二鳥！　その時間内で終えちゃいます。

ノートも、授業終了後にすぐに見てハンコを押し、休み時間のうちに返してしまいます。あとでやろうと思うとけっこうな負担ですが、その場なら勢いで終えることができます。ノートにコメントを書くのも、毎回やろうとするとボク自身の負担になるので、「たまに」にしています。それよりも、子どもたちとおしゃべりしたり、あそんだり、授業の準備をしたり、自分の体調管理をして笑顔で過ごしたり、ということのほうがずっと大切。

ノートに書きたいコメントは、返すときに直接声をかければＯＫです。そのほうが「先生に

ノートをその場で見終えるために、シールやスタンプも活用しています

声をかけてもらった！」「がんばったのを認められた！」とうれしくなるし、書いたばかりなので、いわれたことがよくわかります（二、三日後に返されたノートでは、子どもたちも、すでになにを書いたのかも忘れている……）。

または、友達どうしで交換してコメントを書きあうという方法もあります。じつは、そのほうが子どもたちもお互いのいいところをまねしあって、先生がコメントするよりも成長したりします。先生が「後でやる」「先生だけがやる」にしてしまうことで、子どもたちの成長のチャンスを結果的に奪ってしまうこともあるのかもしれません。

「後回しにしない。その場で終えちゃう」、これは仕事を効率的に終わらせる、とっても大切なボクの原則です。

事務仕事は今日やらず、明日に回す

たくさんある事務仕事。その仕事が「発生」したときに、ボクはまずこんなふうに分類します。

❶ 五分以内で終わりそうなものは、その場でやってしまう。

❷ 期日がきまっていて、その日にしかできないものは、スケジュールを管理しているカレンダーに書き込む。

❸ それ以外は「明日やることリスト」に書き込む。

この「明日やることリスト」に書き込む、というのがポイントです。つまり、今日発生した仕事は明日に回しちゃうんです。そうするとその日の帰りには、「明日やることリスト」が完成しています。「明日はこれだけやればOKだな。じゃあまず朝にこれをやって、学校についたら朝にこれを片づけて〜」とプランを立てやすいのです。

これで毎日、「よし、これだけを五時半までに終えればOKだ！」と見通しが立ち、すべて片づけて気持ちよく帰ることができます。

次の日、昨日つくった「明日やることリスト」（もう「今日やることリスト」ですが）にそって仕事をどんどん片づけていきます。また新しい事務仕事ができたら？　そう、「明日やることリスト」に足せばOK。これを繰り返していると、毎日の仕事量がはっきりしていって、おどろくほど順調に事務仕事が終わっていきます。

例外として「どうしても今日中にやらなくてはならないもの」は、昨日書いた「明日やることリスト」（つまり「今日やることリスト」）に書き足しますが、やってみるとおどろくほど少ないものです。

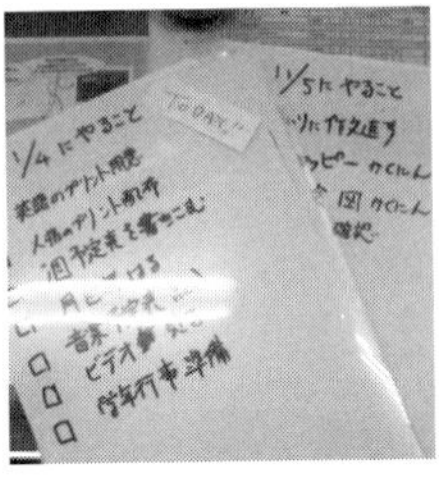

ファイルを二つ用意。「今日やること」「明日やること」を交互に使います。必要な資料もいっしょにファイルへ。『マニャーナの法則』という本を参考に実践しています

通知表など大きな仕事は早め早めに

通知表など大きな仕事は、ボクは早め早めにこなすようにしています。たとえば一学期の通知表なら、六月終わりぐらいになったら毎日二人ずつくらい所見の下書きをはじめます。一日二人、「明日やることリスト」に書いていけば順調に終わります（この原稿を書いている今日も、学校で二人の下書きをしてきました！）。

そうはいっても、ときには仕事がたまってしまいます。そういうときは、二週間に一回ほど「今日は遅くまで残ってひたすら事務仕事を片づける日」をつくっています。ボクの妻も先生をしているのですが、その日は妻に学童のお迎えやごはんづくり、お風呂などを全部まかせて学校で仕事をがんばっちゃいます。たまーにならそれもがんばれます。もちろん反対に、ボクがぜーんぶ家事をやる日、もあります。

すべてがうまくいくとはかぎりませんが、こうやって「うまくいかなかったことを整える日」を設定することで、なんとか乗り切っています。

放課後は、事務仕事・ふりかえりノート

放課後もひたすら仕事を片づけます。「家にはもち帰らない」を大原則にしているので時間いっぱい一気に片づけます。

ちょっと疲れてきたらコーヒーブレイク。同僚と子どものことや授業のこと、そのほかいろ

いろ雑談しながら、コミュニケーションをとります。こういう時間って、けっこう大事なんですよね。

五時半になったら、自分のふりかえりノートにその日のふりかえりを書きます。

「今日よかったこと」「今日の改善点」「気になったこと、新しいアイデア」。ほんの五分ですが、これを続けることで、日々の実践が見直され、自分が成長していくのを感じます。

五時半から一五分くらいは、職員室でいろんな人とお茶を飲みながらおしゃべり。授業のことを話したり、ぜんぜん関係ないおしゃべりをしたり……。

さあ、退勤の時間です。

「学童のお迎えなのでお先に失礼しまーす!」。最後にさきほどでてきた「明日やることリスト」を確認して退勤。さあ、これから家庭での勤務時間です。

九時までは、家族・子どもとの時間に

最近は健康のために自転車通勤をしています。五時四五分に学校をでると、まっすぐ学童保育に向かいます。学童の先生にお礼をいって息子を受けとり、そのまま自宅へ。学校から学童、自宅まで自転車でおよそ二〇分の道のりです（娘の保育園へは、妻が迎えにいっています）。

さあここからが勝負!

ボクは晩ごはんづくり。息子は宿題、明日の準備、お風呂掃除。妻は洗濯や、明日の子どもたちの準備に大わらわ。六時四五分ごろに中学生の娘も帰ってくるので、七時にみんなで夕食

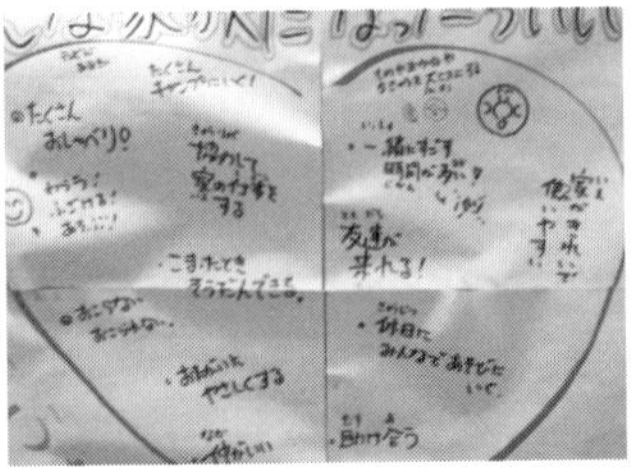

家族でもクラス目標のように「わが家ルール」を模造紙に書いて貼ってます。ちょいちょいルールを破って怒られますが……

をとります。

「わが子が寝るまでは仕事をしない」がわが家のルールになっているので、いっしょにテレビを見たり、あそんだり、本を読んだり、お風呂に入ったりと、八時三〇分までのんびり家族の時間を過ごします。

（まあ、そうはいっても、妻に家事を押しつけて仕事をしてしまったり、たまに仕事をもち帰って、子どもをほったらかしにして仕事をしちゃうこともあるのですが……。それもまたボク、ということで。ずいぶん妻に甘えていることも多いです）。

そして、子どもの添い寝をしてやっとフリーになるのが九時。

ようやく自分の時間です。ここは学校の仕事ではなく、自分のための時間。そのために、「(できるかぎり）学校の仕事をもち帰らない!!」ということを意識しています。ボクたちの仕事はやりだすときりがない、終わりのない仕事です。時間内で、できるだけ効率的になんとかこなす！　これを原則にして工夫してみると、いろいろ試行錯誤するうちになんとかなるもの。これは実感です。

その時間に終えられないものは、思い切ってあきらめるか、ほかの方法を考えます。図工の作品にコメントを書く時間がとれなかったら、たとえば子どもたちが相互にコメントを書きあう。一〇分の休み時間に、えいやーっと書いてしまう。小テストは子どもたちどうしでマルつけ。掲示物は子どもたちがつくる……。先生一人ががんばることはありません。

本来なら教室のオーナーである子どもたち自身がやって、「ボクたちはここまでできる！」という自信と力にしていくべきことまでも、ボクたち先生が代わりにやってしまっていることって、意外と多いと思います。その結果、「ボクたちは忙しくなる↓子どもたちは受け身になって成長できない」という悪循環が生まれる。

逆に、どうやったら子どもたちにまかせることができるかをよくよく考えれば、先生にも子どもにもプラスになる方法、どちらにとっても幸せにつながる方法がきっとあるはずです。

九時からの「自分の時間」で「ゆとり」が生まれる

そして夜の時間は「自分の時間」として大事にしています。

『7つの習慣』という本には、左ページのような時間管理のマトリックスが載っています。ついついボクたちは「第一領域」「第三領域」に追われがちです。事務仕事だったり……。すると「仕事に追われている」状態になり心身ともに疲れてきます。そして第二領域をないがしろにしてしまいます。でも、この「重要だけれど緊急じゃない」領域、とっても大切だと思っています。いろいろな本を読んだり、ブログで発信したり、新しい授業のアイデアを練ったり。ボクはもっぱらこの時間を「読書」に費やしています。いろいろな本を読むことで新たなアイデアも生まれるし、なによりも気持ちに余裕ができます。

「自分に投資する時間」をとることで、ボクも成長できるし、精神的にもゆとりが生まれる。ボクにとっての一番の「仕事のコツ」です。

休み時間。畳の間で、子どもたちとおしゃべりしながらリラックス

時間管理のマトリックス

	緊急	緊急でない
重要	**第一領域** ● 締切りのある仕事 ● クレーム処理 ● せっぱつまった問題 ● 病気や事故 ● 危機や災害	**第二領域** ● 人間関係づくり ● 健康維持 ● 準備や計画 ● リーダーシップ ● 品質の改善
重要でない	**第三領域** ● 突然の来訪 ● 多くの電話 ● 多くの会議や報告書 ● 無意味な冠婚葬祭 ● 無意味な接待やつきあい	**第四領域** ● 暇つぶし ● たんなるあそび ● だらだら電話 ● 待ち時間 ● 多くのテレビ

(『7つの習慣―成功には原則があった』スティーブン・R・コビィー著　キングベアー出版より引用)

育児休業のススメ

軽い気持ちでとってはみたが……

ボクには三人の子どもがいます。中一の娘、小二の息子、そして三歳の娘です。真ん中の息子が一歳半〜二歳半のときに、ボクは一年間の育児休業をとりました。

ボクの妻も小学校の先生をしています。「せっかくだから一年間とってみない？」「やってみなくちゃわからないこともあるから、おすすめだよ」と妻にすすめられました。

「そっかあ、じゃあとってみるかな？」「息子も大きくなってきているし、うまくいけば自分の時間がたくさんとれて、一年間いろいろ勉強したり、本読んだり、あそんだりできそう!!」。そんな軽い気持ちでとった育児休業。自称「家の仕事もよくする、いいお父さん」だったボク。しかし、そうは問屋が卸しませんでした。

三ヵ月ほどで育児ストレスがピークに！

「自分の時間がとれる！」そんな計画はもろくも崩れました。家にいるとやることが山ほどあるのです。朝起きて朝食をつくり、妻と娘を送りだしたら、洗濯掃除。バタバタとしているうちにもう昼食をつくらなくてはなりません。息子にお昼を食べさせ、お昼寝に添い寝していると、あっという間に二時ごろ。ちょっと公園に連れていったり、お買い物にいったりするともう夕方。帰ってきた娘の相手や夕食準備、お風呂の準備、洗濯物の取り込み。あっという間に夜です。自分の時間なんてどこにもありません。あ、ちょっと時間ができそう、というときにかぎって息子はぐずりだし、ワンワン泣いたりして、ぜんぜん思いどおりになりません。思わず手をあげそうになって、「あぶないあぶない……」と自分が怖くなったりもしました。

また、家の仕事って、けっこう誰からも評価されない仕事。せっせと家の掃除をして、「よし、今日は妻がよろこぶぞ！」なんて思っていても、帰宅した妻からはなんのコメントもなし。やって当たり前ってけっこうつらいなあ……。でも待てよ、いままで妻がやってくれていた家事に、ちゃんと感謝の気持ちを伝えたことないなあ……。自業自得か……。

大人の話し相手もいなくなってしまいました。いつも息子と二人きり。仕事から帰ってきた妻に、家であった些細なことを怒濤のように話そうとしても、「ごめん、今日はこれから仕事しなきゃいけないから、さきに寝てていいよ」なんていわれちゃったり。でも、それちょっと前までボクがいっていたセリフ。公園に連れていっても、恥ずかしくてなかなかお母さんたちの輪には入れずに、結局息子と二人きりであそんでいたり。

育休に入って最初の三ヵ月くらいで育児ストレスはピークに。「ああ、早く職場復帰したい！」「外で働いている人はいいよな！」なんて思っていました。ちょっと前まで妻が育休で家にいるのを「のんびりできてうらやましいよな」なんて嫌みをいっていたりしたのに……。外で見ているのと実際に体験するのとでは、ぜんぜんちがいました。妻、すごかったんだなあ。同じ仕事しながら、グチもいわずニコニコやってくれてたもんなぁ。それに比べてボクは……。

子どものことでも悩みがつきません。「こんな箸の使い方でいいのだろうか」「友達とかかわるのがへたに感じるなあ」などなど。自分の時間どころではないのです。

このように「主夫」という立場になったとき、いままでの当たり前のことがぜんぜんちがって見えてきました。これって本当に貴重な体験でした。

「主夫」体験から見えてきたこと

とはいいつつも、数ヵ月たち、日々の暮らしに慣れてきて、「こうなったら残りの時間を徹底的に楽しもう！」と気持ちを入れ替えてからは、本当に育休が楽しくなりました。いろいろな赤ちゃんが集まるようなサークルに顔をだして、お母さんたちと仲よくなったり、「毎日ちがう公園にいってあそんでみようプロジェクト」をやってみたり。インターネットで子育てブログをつけはじめて、パパ友ができたりもしました。

家の掃除や料理もどんどんじょうずになり、料理本まで買うように！　育休の終わりが近い三月ごろには、「このまま仕事をやめて、子育てに全力をつくすのも悪くないなあ？」なんて思えたから不思議です。

◆わが子ってかわいい！

ボクが「主夫」体験をして感じた最大のことが、これです。一年間じっくり息子と向きあうなかで、子育ての楽しさ、日々の小さな成長に寄りそえるよろこびを思いっきり感じられました。「お！　箸が使えるようになった！」「そんな言葉使えるようになったんだ！」「わ！　タオルたたむのじょうずになったねえ！」なんて小さなことで毎日よろこんでいました。こういうことって、上の子のときはぜんぜん感じることができていなかったなあ。

　保育園の一時保育に数時間預けにいったとき、「パパー！」と大泣きする息子に、胸がきゅんとなってしまい、泣き止むまで保育園の周りを三〇分もグルグル歩き回り、「なんか母性に目覚めてしまったなあ」と思ったこともありました！

「みんな、こんなふうにわが子を大切に思っているんだなあ。ボクのクラスにいる子たちもこんなふうに大切にそだてられ、愛されてきたんだろうなあ」と思うと、学校でトラブルがあったときに怒鳴り込んできた保護者がいても、いままでなら「モンスターペアレントだ！」なんて思ってしまいましたが、「大切なわが子だもんな。感情的になるのもわかるよなあ」とちょっと共感できるようになったのです。そして落ち着いて、そして前向きにその保護者と話せるようになりました。これは子育てにじっくり向きあえたからこそだなあ、と感じています。

◆学校って敷居が高い

　せっかくの一年間。当時、娘は小学校に入学したばかりだったので、「せっかくのチャンスだから学校にいろいろかかわっちゃおう！」と思っていました。

　だがしかし、親の立場になってみると、学校って本当に遠い存在です。先生と話す機会も家庭訪問や懇談会ぐらいしかないし、ふだんのようすはぜんぜん見えてきません。なんとかかかわろうと読み聞かせボランティアになりましたが、それも数ヵ月に一回。いままでは先生という立場から、「もっと保護者が学校に関心をもってくれればいいのに！」なんて自分勝手に思っていましたが、かかわりたくてもかかわるチャンスがない、クラスのようすを知りたくても知るチャンスがない。本当はかかわりたいと思っている保護者もいるということを、近所の立ち話なんかでも感じることができました。

でも、方法がないから、ついつい学校の先生の噂話になっちゃう。これって、ある意味当たり前。その敷居を下げられるのはボクたち先生です。この経験を機会に、ボクは学級通信を大切にしたり、いかに保護者に参加してもらえるか、を考えるようになりました。

◆**働き方を変えなくちゃ**

いままで心のどこかでは、「家のことをメインでするのは妻」と思っていました。だからちょっと手伝えばそれで「自分はいい夫」と自分にいい聞かせていました。

でも、それは間違いでした。妻の立場を経験して、家のことはいっしょにやっていくもの、子育てもいっしょにやっていくものだというあたり前のことに気づきました。いままでいかに妻に負担をかけてきていたのか、ということにちょっとガクゼンとしたりしました。世のお母さんたちってスゴイ!!

そこで、「働き方を変えなくちゃ」と思うようになったのです。

学校に九時、一〇時までいる生活をやめて、できるだけ定時に帰る。限られた時間のなかで効率よくやる。家や地域のことにも積極的に参加する。仕事と生活のバランスをとりたくなってきたのです。前述したように、限られた時間のなかで仕事をするようになっても、仕事の質は落ちませんでした。むしろいろいろな体験をした分、あがってきているような気がします。立場が変わると見えてくることっていっぱいあります。

まずは想像力を働かせることから

育児休業。男性がとりやすくなったといっても、乗り越えなくてはいけないハードルがあるのも事実です。職場での仕事、社会的な視線、人間関係など……。簡単にとれるものではないのかもしれません。埼玉県の教員は、子どもが三歳までは育児休業をとることができます。ボクの家庭では、最初の一年を妻がとり、それを引き継ぐ形でボクが一年とりました。

制度が整っているとはいえ、はじめてのことなので、とるまでは戸惑いも多く、けっこうたいへんでしたが、それを乗り越えてでも、とった価値はあった！　と自信をもっていうことができます。

ただ、そうはいっても、現実にはなかなか踏みだせない、ってこともありますよね。でも、制度を利用できなくとも、「もしちがう立場に自分が立ったとしたら」と想像力を働かせることは、きっとできます。「もし親の立場ならどう考えるだろう?」「もし自分がこのクラスの子どもだったら」「自分が子どもならどんな学校にいきたいかなあ」と想像し、その立場に立ってみることはできます。それだけでもいいと思います。ボクたち先生にとっては当たり前だったことが、ちょっとちがって見えてくることが、必ずあるはずです。

学校の外でたくさん学ぼう！

自分の「引き出し」をどんどん増やそう

では、やりくりしてつくった自分の時間を、家庭や学校の外でどう生かしたらいいのでしょうか。授業や学校のことって、ついつい学校の枠のなかだけで考えてしまいがちです。でも、じつは「学校外」にいろんな知恵があります。だから、ボクは学校外の学びの場に積極的に参加したり、ビジネス書や組織論の本、いろいろな学校外の学びの本を読むようにしています。ボクはそうやって自分の「引き出し」をどんどん増やしていきました。

最初は学校外の学びの場に参加するのはどきどきしましたが、これは「慣れ」です。いっているうちにいつのまにか「どきどき」が「わくわく」に変わってきます。

企業の人や、NPOの人、大人の学びの場を組織している人、などなど、いろいろな人たちとお会いし、お話ししたり、ともに学んだりするなかで、「学校でやっていることって特殊なんだなあ」「あ、これって授業で使えそう！」なんていう気づきや知恵をたくさん得られます。

話しあいの手法を「会議」から「カフェ」形式に

たとえば「学級会」。ボクが子どものころにやっていたものと、いま学校で行なわれているのって、ほとんど変わっていません。司会がいて、記録がいて、まるでミニ議会のような話しあい方。でもこれって本当にいい話しあい方なのでしょうか？

堅苦しくて、ボクにはちょっと違和感……。そんなことを思っていると、「ワールドカフェ」★という話しあいの手法に出会いました。

ワールドカフェは、いま、ワークショップの新しい手法として注目されていて、企業やＮＰＯ、地域のコミュニティ、最近では学校でも取り入れられはじめています。ボクも校内研修でやってみましたが職員にも好評！　そこでクラスでもやってみることにしました。

「運動会のふりかえり」をワールドカフェふうに

運動会が終わった翌日。どんな運動会だったかのふりかえりをする日です。ただ書くだけじゃ、「勝ってよかったです」「負けて悔しかったです」「チームワークが高まりました」のようなありきたりな言葉で終わってしまって、そこにあった感情や想いが共有できにくい……。「もっと自由に語りあえる雰囲気でふりかえりたいな」と思って、ワールドカフェふうにやってみました。

まず全員で空き教室に移動。用意したものは模造紙八枚とマジック、紙たくさん。子どもたちのもち物は筆箱です。

★ワールドカフェ
「知識や知恵は、機能的な会議室のなかで生まれるのではなく、人々がオープンに会話を行ない、自由にネットワークを築くことのできる『カフェ』のような空間でこそ創発される」という考え方に基づいた話しあいの手法（株式会社ヒューマンバリューのＨＰより）。

❶ まず四人ずつに分かれ、模造紙の周りに集まる。（いい机がないので、地べたで……。かえってくつろいでいい雰囲気でした。学校では地べたがいいかも）

❷ そのメンバーでボクから提示した質問について、自由におしゃべり。

提示した質問は、①運動会当日までの道のりをふりかえって心に残っていることはなに？②運動会を終えて、どんなことを学んだ？　③これからにどう活かしたい？　です。

ルールとして、「いつもの、文学サークルでの話しあいと同じだよ。お互いを大切にして話しあおうね」「模造紙は、自由に書きたいことを気楽に落書きしながら話しあってみてね。書いているうちに思いつくこともあるから。思いついた言葉、図、絵なんかをどんどん書いてみてね」「六分たったら、席替えします。そのとき、一人だけ残って、新しくきたメンバーにそれまでどんな話がでたかを紹介してください」「ぜひ楽しんで、たくさんたくさんおしゃべりしてね！」などの提示をしました。

席替えのたびに新たな会話が生まれてくる

実際にはじめたところ、最初のうちはちょっと固さもあったものの五分すぎると、ワイワイ

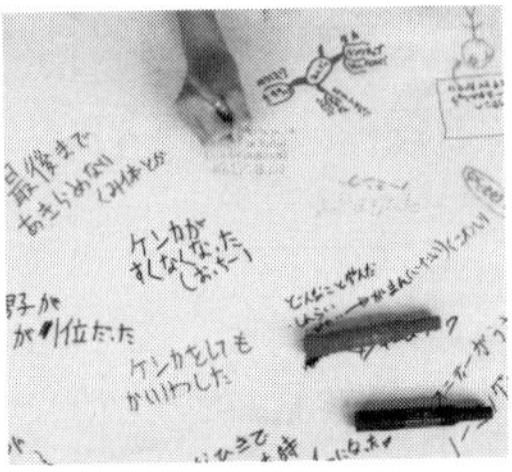

運動会のふりかえりをワールドカフェで

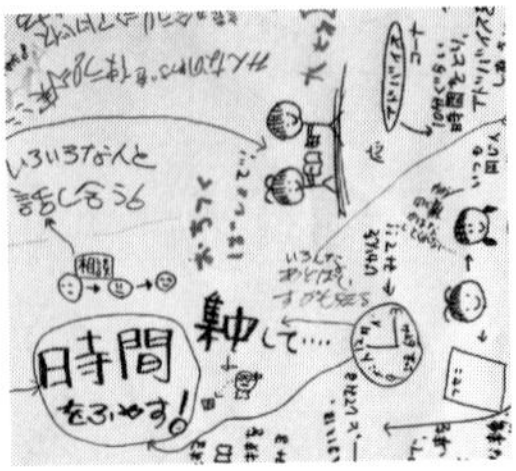

64ページの「作家の時間」をよりよい授業にするためには？　というワールドカフェも。授業の改善もいっしょに考えちゃいます

とそれは楽しそうに話していました。いろんな思い出話にも花が咲き、そこから思ったことをつなげはじめ、模造紙への書き込みが増えるにしたがって、話しあいがさらに盛りあがってきています！

「やっぱりさあ！　組体操が成功したってことは、ぜったい落とされない！　っていう信頼があったからだよ」

「あと、あきらめないってことともつながってるよね。あきらめたらできないもん」

「協力っていってもさ、努力しないとだめだよね。ってことは、この二つはつながってんじゃん？」

なんていいながらどんどん線でつないでいきます。あちらこちらで話されていたことが、席替えをするたびに、つながっていき、また新たな話が生まれていく。そんな相互作用があちこちで起きていました。

六分（実際には、途中から一〇分近く）×五回行ない、全部で四五分フルに使っちゃいました。

子どもたちの「ふりかえりジャーナル」より

話しあいが終わったあと、あえてまとめはしませんでした。

一人ひとりのなかに、それぞれの学びがあったと確信できたからです。

そのあと、一人ひとりの学びを「ふりかえりジャーナル」★に記入しました。

★ふりかえりジャーナル
A4のノートを半分に裁断して作成します。帰りの会に子どもが、その日のできごとをふりかえって記入。よかったこと、改善点、明日に生かしたいことなど。勉強や学級活動、友達関係の学びを積み重ねられます

＊

今日は「ワールドカフェ」ででた話しあいのなかをいっぱい教えるよ。

まず第一に、うちらのリレーチームははじめ、ちょーもめまくって、泣いたり、キレたり……。○○は「どうでもいいじゃん」って聞き耳もたずに……。その後も、リーダーぎめのときも、○○は絶対リーダーがいい！　ってわがままいうから頭にカチンときて、きれて、もう練習イヤだって時期もあったけれど、いまでは考えられないよ〜。

その後はたまにけんかもしたけど、だんだんとプラスの言葉が多くなってきていて、休み時間に「一本走ろうか！」とか、「バトンパス練習しようよー！」とか声をかける人がだんだんと多くなってきているのも、チームとしての成長だったと思うよ！

でもその毎日の積み重ねが、バトンパスがじょうずになったり、金管バンドクラブの人は吹くのがじょうずになったり、バトンダンスの人は回すのがじょうずになったり、応援団の人たちは、もしかしたら声をだすのが得意になっていて、そういうのが大事なことだと思う。

信頼↓絆↓キセキへとだんだんランクがあがってきていて、これからに活かせることはいっぱいあると思うけど、この四つが大事だと思う。

「どんなときでも一〇〇％の全力」

「あきらめない気持ち」

「スイミー★のようにクラスがだんだんと一つになっていくこと」

「協力すること・助けあい」

こういうことがこれからに活かせること、チームに必要なこと、クラスに必要なことだと思う。組体操では、チームワークが高まって、インフィニティやピラミッドが完成！　っていうふうに深まっていったことがすごいナーって思った。

そして、協力↓努力。協力しようとしたら、努力をする。そうでないと信頼や絆は深まらないことだと、運動会をとおしてあらためて実感した！

行進練習、全体での練習などで、当たり前のように「かっこよく、やるときはやる」っていうメリハリがチョー大事だと思う。

自分が成長したことは、プラスの言葉をかけることが多くなったってこと。なによりもみんなが全力で運動会に取り組んで、ランクアップをして、勝利という最高のプレゼントをもらいました。

一生の宝物。本当に本当に本当に、最高のプレゼントをみんなありがとう！

（Aさん）

このクラスは前もチームワークはよかったけど、今はちがう意味でチームワークが最強のクラスだと思う。

運動会に勝てたのはキセキの大逆転で、この5－Ｉのクラスじゃなかったら勝てなかったと思う。ぜったいといい切れるほど、このクラスじゃなければ負けでした。

★スイミー
レオ・レオニ作の絵本の題名。一九七七年より二年生の国語の教科書に載っています。副題に「小さなかしこいさかなのはなし」とあるように、赤いのに一匹だけ黒かったスイミーの知恵と勇気のお話

うちは、5－1が大大大大すきだよ！
イワセンもうちらといっしょで、5－1が大大大大好きでしょ！
担任の先生がイワセンで、この27人でよかった。たぶんっていうか絶対、みんなイワセンが大好きだと思うよ。

（Bさん）

＊

こんなことができたのも、やっぱり、学校外の学びの場にいったり、本を読んだりしたからこそです。

学校のなかにいては、学校のなかにある「常識」がじつは変なんじゃないか、ということに気づきにくいもの。外にでてから、あらためて学校を眺めてみると、いろいろとおかしなところや、改善のアイデアが見えてきます。

だからこそ、ボクはせっせと学校外の社会にでかけていくようにしています。

職員室の人間関係は良好ですか？

職員室の雰囲気をつくる四つのアイデア

工夫一つで楽しくできるのは、なにも教室ばかりではありません。職員室だってちょっとしたアイデアで居心地がよくなったり、雰囲気が温かくなったりします。よく考えたら、職員室でいい人間関係ができていないのに、教室だけがいい人間関係になる、なんていうのはちょっと変ですよね。ボクたち大人は、よくもわるくも子どもたちのモデルです。職員室でボクたちがいい人間関係をつくり協力しあえていれば、きっとそれは子どもたちにも伝わるはず。

ここではボクが職員室で試してみて好評だった四つのアイデアを紹介します。ぜひ、やってみてくださいね！

idea 1　校内ニュースレター

ボクたちだって、本当は、いろんな先生と情報交換したいし、おしゃべりしたい。クラスで起きたうれしいことも共有したいし、悩んでいることも相談したい。でも、忙しくてなかなかその時間がとれない。ふだん話していないから、どんなことから会話をスタートしたらいいのか……。ついつい仲のいい人だけと話してしまいがち。

そう、職員室で起きていることは、じつは教室と同じなのです。そこで、そんな空気を打破し、気楽にコミュニケーションをとれるアイデアが「校内ニュースレター」づくりです。職員室版「学級通信」ともいえるでしょうか。ボクは研究主任だったとき、「編集長」として、記事をいろんな人にお願いして、それを編集して載せて印刷するだけ。授業研究会があったときはその感想を特集したり、おすすめ本の紹介をしたり。いまでは学校事務の方が、職員室のいろんな楽しいできごとをニュースレターとしてまとめて発行し続けてくれています。この効果か、一泊二日の職員旅行、参加率がものすごく高かったんですよ！

idea 2 学校内サークル！

若いころは時間もエネルギーもあったので、休日はあちこちの研究会やサークルに顔をだして学んでいました。でも時間が生みだせなくなって、じょじょにいけなくなってしまいました。

学びたいのにいく時間が生みだせない……。それを解決する方法が、学校のなかに「学習サークル」をつくる、という方法です。といってもじつに簡単。最初は三人くらいで「水曜クラブ」という名前ではじめました。水曜日の放課後に先生どうしで会議室に集まって、実践を紹介しあったり、悩みごとを相談するサークルをはじめたのです。

大切なことは、「自由参加」であること。そして、お茶やお菓子を用意して楽しくやることです。人数が少なくても定期的にやる、というのも大切です。二人だっていいじゃないですか（大丈夫！　楽しそうにやっていればじょじょに増えてきます）。

授業のことをあれこれ話したり相談したりする場が校内にある。それだけで職員室って学べる楽しい場へと変化しはじめます。

idea 3 おすすめ図書コーナー

職員室の一角に、おすすめ図書コーナーをつくってみてはどうでしょう?

授業に使える本はもちろん、たとえば子どもたちの「読書月間」にあわせて、先生たちが「読んでおもしろかった本」をおく本コーナーをつくっておいて、職員のみなさんに声をかけます。本の貸し借りが起きはじめると、「この本おもしろかったねー!」「この本に書いてある実践ってやったことある?」みたいに会話が弾んでくるはず! とっても簡単でおすすめのアイデアです。子どもだけじゃなく、大人も読書を楽しんでいる。その姿を子どもたちが見るのって、とっても大切です。

idea 4 喫茶店コーナー!?

職員室の一角に、お茶やコーヒーを飲んだり、お菓子をつまんだりするコーナーを。

このスペース、放課後の仕事のほっと一息の場所としてとってもステキです。放課後仕事をしていて、「フー疲れたー。お茶にしよーっと。だれかいっしょに飲みませんかー?」と声をかけてこのコーナーに向かいます。テーブルには学校の「親睦会」★が買ってくれているお菓子

★学校の「親睦会」
職員どうしの親睦を深めるための組織。職員旅行や納会、職員レクの企画、冠婚葬祭でのお包みなど、職員どうしをつなぐための組織です

が！　これをつまみながら、三々五々集まってきた同僚と、クラスのことや、それ以外のことをいろいろ雑談します。

こうやって「まじめに雑談」するスペースがあると、子どもたちのことの情報交換や授業のことなど、いろいろ話しあう習慣が職員室に芽生えてきます。そうしたらしめたものです。大切なことは、学年などの枠を超えて話す場をつくるってことです。職員室はチームですから！

とにかく、コミュニケーションの量を増やす

いくつかのアイデアを紹介してきましたが、これらのアイデアには共通点があります。それは、まず「コミュニケーションの量を増やす」ということです。いい関係を築くには、相手のことを知らなくてはなりません。そのためにはまず、たくさんコミュニケーションをとること。これがスタートだとボクは思っています。そしてそれはなにも職員室にかぎらず、教室でも、もしかしたら夫婦でも！（自分で書いていて耳が痛い……）。

まずは隣の席の人、向かいの席の人と毎日、いろいろおしゃべりすることからはじめませんか？　グチばかりでなく、ポジティブな内容を心がけるのをおすすめします。99ページにも書いていますが、コミュニケーションの基本は、「ポジティブ：ネガティブ＝四：一」で！

第4章

子どもが変わる一番の方法は ボクが変わること

ボクがオモシロ先生をやめたわけ

「はじめに」でも書きましたが、ボクは若いころ、楽しい授業がしたい！　と思っていました。毎時間子どもたちがおどろいたり、よろこんだりする授業を工夫して、「岩瀬先生の授業は楽しい！」と子どもたちが慕ってくれる。先生の力でクラスをぐいぐいひっぱっていく。オモシロ実験やゲームがたくさんできる……。カリスマとまではいかないまでも、そんな「オモシロ先生」めざして日々過ごしているうちに、チョットずつ自分の思い描く先生像に近づいていきました——。

ボクの出発点

ボクは北海道生まれ。小学校卒業まで過ごしました。二歳下の妹に四歳下の弟の三人兄弟。けっして裕福な家庭ではありませんでしたが、両親は「あそぶこと命」のボクに勉強を強いることもなく、たっぷりあそばせてくれました。

大学で東京へ。そこで大きな出会いがありました。

大学の先生にいろいろな学校の参観に連れていっていただき、長野県の伊那市立伊那小学校と出会ったのです。これが、ボクの先生としての出発点でした。たとえば、クラスで牛を飼って、その牛を学習の中心に据え、餌代を計算するために算数を勉強したり、牛から体のつくりを学んで理科の学習をしたり、命について学んだり。各クラスごとに子どもたちとこの一年なにを中心に学んでいくかをきめ、「総合」の時間を核にカリキュラムをつくって実践している学校です。

あるクラスは山の斜面にアスレチックをつくっていたり、あるクラスは羊を飼っていたり、またあるクラスは校庭に家を建てたり。とにかく、やることなすことぜんぶスゴイ！　内容面だけでなく、これまた「スバラシイ！」と感じた点は、同じ学年でも各クラスがすべてちがうことをしている、ということでした。「おお！　学校にはこんな自由があるんだ！」「日本にこんな学校があるんだ！」とおどろき、そして子どもたちの生き生きと学ぶ姿に感動しました。

子どもたちには力がある。だってこんなに生き生きと学んでいる！　ちゃんと学びの環境さえつくれば、あとは子どもの力を信頼していればいい。「よし！　ボクも先生になったらこんな授業をするぞ！」。そこがボクの出発点でした。大きな夢をもって先生になったのです。

悪戦苦闘の日々

でも、いざ教壇に立ってみると、なにもできない自分にガクゼンとしました。はじめて担任をもったのは三年生。朝の会もどうしていいかわからない、日々の授業の準備が追いつかない、準備しても子どもたちはぜんぜん聞いてくれない。クラスはいつもなんだか騒がしい。

そして、「クラスで牛なんて飼えない！」という当たり前の事実にいき着きます。「子どもには力がある」という本質に目がいかずに、牛を飼う！　というハデなところだけに目がいっていたんです。毎日、教育書を片手に夜遅くまで授業を考えるのですが、どうしてもうまくいかない。

保護者会では、「先生、漢字の指導をちゃんとしてください」（しているつもりなんだけどなあ……）「クラスがガチャガチャしていて心配です。なんとかしてください」（ボクだってなんとかしたい……）。はりきってだしていた学級通信にもクレームがついたり。やることなすこと、うまくいかない。どうすれば、いいんだろう……。まさしく「悪戦苦闘」の日々でした。

後日談ですが、数年後、当時担任していた子の保護者の方に、

「先生、いまだからいえますが、あのときのクラス、いまでいう学級崩壊でしたよね」なんていわれました。でも、当時のボクは必死すぎて、そうなっていることにすら気づけていませんでした。

「たのしい授業」で天狗に

思い悩んでいるとき、とある教育雑誌の一ページで、ボクが住んでいる近所に、先生のサークルがあることを知りました。「たのしい授業サークル」という名に、ボクはワラをもすがる思いで飛び込みました。このサークルは「仮説実験授業」という理科の授業を実践している先生たちの集まりでした。いろんな先生が、自分のクラスでやってうまくいった授業プランを紹介してくれたり、悩み相談に乗ってくれたりして、ボクは本当に救われました。

紹介された授業プランをクラスでやると、子どもたちは大歓迎してくれ、「先生の授業はお

もしろい！」と、少しずつクラスもうまく回りはじめたのです。子どもたちの討論を聞いて、その考え方におどろいたり、「学ぶ楽しさ」を知ったのも、このころです。

水とホウ砂と洗濯ノリをまぜてつくる「スライム」（化学反応を知る）や、砂糖を溶かして再結晶させてつくる「べっこう飴」など、子どもたちがよろこんでくれるモノづくりをクラスでするようになると、子どもたちもボクを慕ってくれるようになりました。そうして、クラスの雰囲気もどんどんいい感じになってきました。

毎時間、子どもたちがおどろいたり、よろこんだりする授業を工夫することで、「岩瀬先生の授業は楽しい！」と子どもたちが慕ってくれる。先生の力でクラスをぐいぐいひっぱっていく。ボクは「オモシロ先生」めざして、まっしぐらでした。自分の教育実践を原稿に書いては、雑誌に掲載され、それが自信につながり……。そうして、ボクは完全に「天狗」になってしまいました。

このころのボクは、同僚ともしょっちゅうケンカしていました。「そんなことばかりやらないで、ちゃんと授業をしなさい」「学年で授業をあわせることも大事よ」……。いま思えば、その一つひとつは本当に的を射たアドバイスだったのですが、当時のボクの心にはまったく入ってきませんでした。

「子どもがよろこんでいるからいいじゃないか！」

いま思いだしても冷や汗がでるほど、ボクはいい気になっていました。

「岩瀬のクラスは次の年苦労する」

で、五、六年たったころ、大きな問題に気づいたのです。それは「岩瀬のもったクラスは次の年苦労する」ということ。ボクのクラスの子どもたちは、先生がおもしろいことを用意してくれるから、それを待っていればいい。「先生おもしろいことやってー!」と「口を開けておいしいものを入れてもらうのを待つ子ども」をそだててしまっていたのです。ボクは子どもたちの口へおいしいものを次々に投げ入れる。次の年、新しい先生になると「この先生はおもしろいことをしてくれない!」と自分たちを棚に上げて反発する、受け身の子どもたちになってしまっていたのです。自己選択、自己決定の体験をしないことに慣れてしまうと、中学や高校、いやその先でも、「いつもうまくいかないのは、社会や誰かのせい」と考えて、自分の人生のオーナーになれないままになってしまいます。

先生が主役のクラス。いつのまにかボクはそんな道を歩んでいることに気づき、ガクゼンとしました。もしかしたらどこかで、「おもしろいことをしなければ子どもたちは勉強しない」「教師がひきつけなければ子どもたちは生き生きと活動しない」と思い込んでいたみたいです。しかし、それは大きな間違いでした。

学級の中心は教師ではなく子どもたち。その原点に立ち返って一からやり直すことにしました。ちょうど、長期研修制度で一年間大学で学び直す機会にも恵まれ、全国のいろいろな学校を参観したり、ワークショップに参加したり。いろんな本もむさぼるように読みました。その後、一年間、育児休業をいただいたのも、子どもの成長を考える大きな体験でした。

信頼ベースのクラスづくりへ

いままでのやり方を変えるのは勇気がいりましたが、「まずボクが変わらなくては」と、少しずつ実践を変えていったのです。クラスのベースを「子どもへの信頼」におきました。子どもたちを信頼し、クラスのことをまかせると、子どもたちはビックリするぐらいの力を発揮しました。授業でも一斉授業をやめ、「作家の時間」（64ページ）などのチーム学習や子どもどうしの学びあいなど、参加型の学習に変えました。すると、「もっとやりたい！」と休み時間にまで学び続けるような姿も見られるようになりました。

学級経営も子どもたちが主役として活躍するように変えていきました。教室を子どもたちにとって居心地がよく、安心できて、学べる場にするには？　子どもたちがクラスの主役は自分たちであるという意識をもってクラスを創っていくために必要なことって？　そんなことを考えて実践していくうちに、子どもたちは水を得た魚のように自分たちのクラスを自分たちで創りはじめたのです。

そして自分の方向性が定まってきたころ、担任していた六年生が卒業を前にしたある日、こんなことをいってくれました。「このクラスって、先生がいい環境つくってくれたけど、がんばったの私たちだよね。私たちがいいクラスつくったんだよね―！　ケーキでいったら、先生が土台のスポンジつくって、私たちがみんなでキレイにデコレーションしたんだよね」「中学いっても、自分たちでいいクラスつくっていくから心配しないで！」。

ボクはなんだかうれしくてジーンとしちゃいました。

教師ががんばればがんばるほど、子どもは教師に依存してがんばらなくなる。そうではなくて、「いいクラスにするために子どもたちががんばる」。教師はそのサポート役、応援役。そうすれば、子どもたちも生き生きとし、そんな姿を見て教師も笑顔になる（そしてラクになる！）。そんな学級づくりが少しずつですが、できるようになってきました。

転機となったステキな出会い

いまもボクは成長の最中です。

学び続けることを大切にしていると、いろいろな場で出会いがあります。この二年ぐらいの間にも、転機となるステキな出会いがありました。

ボクの大切な友人であり、尊敬するファシリテーター、長尾彰さん、チームゲーム「オニミチ」（48ページ）を考案し、また付録のチームゲームもつくってくれた中川綾さんたちとは、「エデュケーショナル・フューチャーセンター（EFC）」★を立ちあげ、動きはじめています。これからみんなでそだてていく、大切な、大切な場。ボクにとってライフワークのひとつです。

そして、この本を書いている最中にも、とても大切な出会いがありました。

「学校が元気になるファシリテーター入門講座」という本があります。ファシリテーターという言葉が目に止まり、なにげなく購入して読んだとき、本当に驚きました。

ボクがクラスづくりや職員室づくりで大切していることとの共通点があまりにも多かったからです。興奮して親友の甲斐崎博史さんにすぐに知らせたことを覚えています。

★エデュケーショナル・フューチャーセンター（EFC）
二〇一〇年四月に活動を開始したNPO法人。月一回程度開く「先生の学校」や、教職員向けの研修・ワークショップなどの企画運営も行なっています

「スゴイ本見つけちゃった！　ボクらがやっていることを、こんなにわかりやすく、こんなに具体的に書いている人がいる！」ちょんせいこさんとの出会いはこんなスタートでした。

「信頼ベースのクラスづくり」をめざして

ちょんさんは、企業や行政、学校などで幅広く活動をされている大阪在住のプロのファシリテーターで、「信頼ベースのクラスづくり」をめざして、学校や教育委員会の依頼を受けて、公開授業や教員を対象とした研修を続けておられます。「いつか埼玉にお呼びしてワークショップを受けてみたい」そう思っていました。思いついたらまずやってみる！　なので、自分で主催してワークショップを企画し、二〇一〇年六月についにそれは実現しました。言葉では言いつくせないほどステキなワークショップでした。そしてボクは確信しました。

ボクはちょんさんと同じ価値観で、同じ方向を向いて進んでいる、と。

ワークショップが終わったあと、ひょんなことから電話でお話する機会があり、それがきっかけとなって、ボクたちは、「信頼ベースのクラスづくり」についてたくさん話をするようになりました。ちょんさんは、ご著書のなかでファシリテーターをこう説明しています。

「一人ひとりの『心の体力』を温め、引き出し、共有しながら共にゴールをめざす進行役。人は本来、力を持つ存在であり、ファシリテーターは、一人ひとりが、意見、疑問、個性、アイデアを出せる安心、安全な場づくりを行う。会議や研修などの場において、みんなが貢献できるプロセスや結果をシンプルに描く促進役」（『学校が元気になるファシリテーター入門講座』）

これから、ボクとちょんさんは、「信頼ベースのクラス」をつくるための具体的な提案をはじめてゆきます。二〇一一年三月に以下の共著が発行されます。どうぞ、注目してくださいね。『信頼ベースのクラスをつくる学級ファシリテーション①　かかわりスキル編』（解放出版社）

導く人ではなく、子どもたちとともにゴールをめざす人

それを先生にあてはめるとどうなるでしょう。

先生がファシリテーターになる。それは、クラスを一つのチームととらえ、ゴールに向かって、一人ひとりの子どもたちの「心の体力」を温めながら、本来もっている力を引き出す。そして、子どもたちの間に聴きあい、学びあい、温めあう関係をはぐくむ役割です。

導く人、ではなく、子どもたちとともにゴールをめざす人。それよりも子どもたちの学びの環境を整える人。やがて先生は静かにフェードアウトしていって、子どもたち自身が、自分の力で未来を切り拓いていけるようになる。未来の社会をつくっていく主体的な市民になる。

そしてボクは確信しています。

「先生がファシリテーターになり、信頼ベースのクラスづくりをする、クラスが最高のチームになるのを子どもたちとともにめざす、という方向で間違いない」。

そして、「学級経営で困っている先生方、その先にいる子どもたちが幸せに過ごせるための『信頼ベースのクラスのつくり方』の具体的な提案をしていきたい」という強い思いを共有しました。もちろんこの本も、その一つです。

子どもを変えようとしたって、できっこない

ボクたちは、けっして完全な存在ではありません。

　でも、ボクはつねに「学ぶことを楽しんでいる人」「学び続ける人」として、子どもたちの前に立っていたいと思っています。ボクが学ぶことでワクワクし、成長することにワクワクしていれば、それってきっと子どもたちに伝わる。そう確信しているから。

「学ぶ」ということ。それは「変わる」ということ。とてもステキなことです。そして「学ぶ」ということは、学校のなかだけで終わることではありません。大人になっても、ボクたちは学び続け、いつでも「新しい自分」に成長することができる。そのことを不完全で頼りなくはあるけれども、ボクの姿をとおして体感して大人になってほしい。ボクはそう思っています。

　ボクの実践と試行錯誤を本書に書き連ねてきました。あまり大きな声ではいえない失敗も山ほどしていますし、感情的に子どもたちを怒ってしまって、次の日に、「昨日はごめんね」と謝る日もしばしばあります。悩んで夜眠れなくなる日も……。

　でも、子どもたちを変えよう、としたって、そんなことは結局できないんです。

　子どもたちが変わる一番の方法は、ボクたちが変わっていくこと、です。

　最後に、ちょんさんとの対話のなかで生まれた、サイコーのクラスをつくるための、「先生がファシリテーターになるための かかわりスキル一〇ヵ条」を紹介します。

　本書が、「子どもたちってすごい!」「なんだか元気が出てきた!」「私もこんなクラスつくってみたいな!」「ちょっとチャレンジしてみよう」と、そんなふうに読者のみなさんの元気につながるとボクはとてもうれしいです。

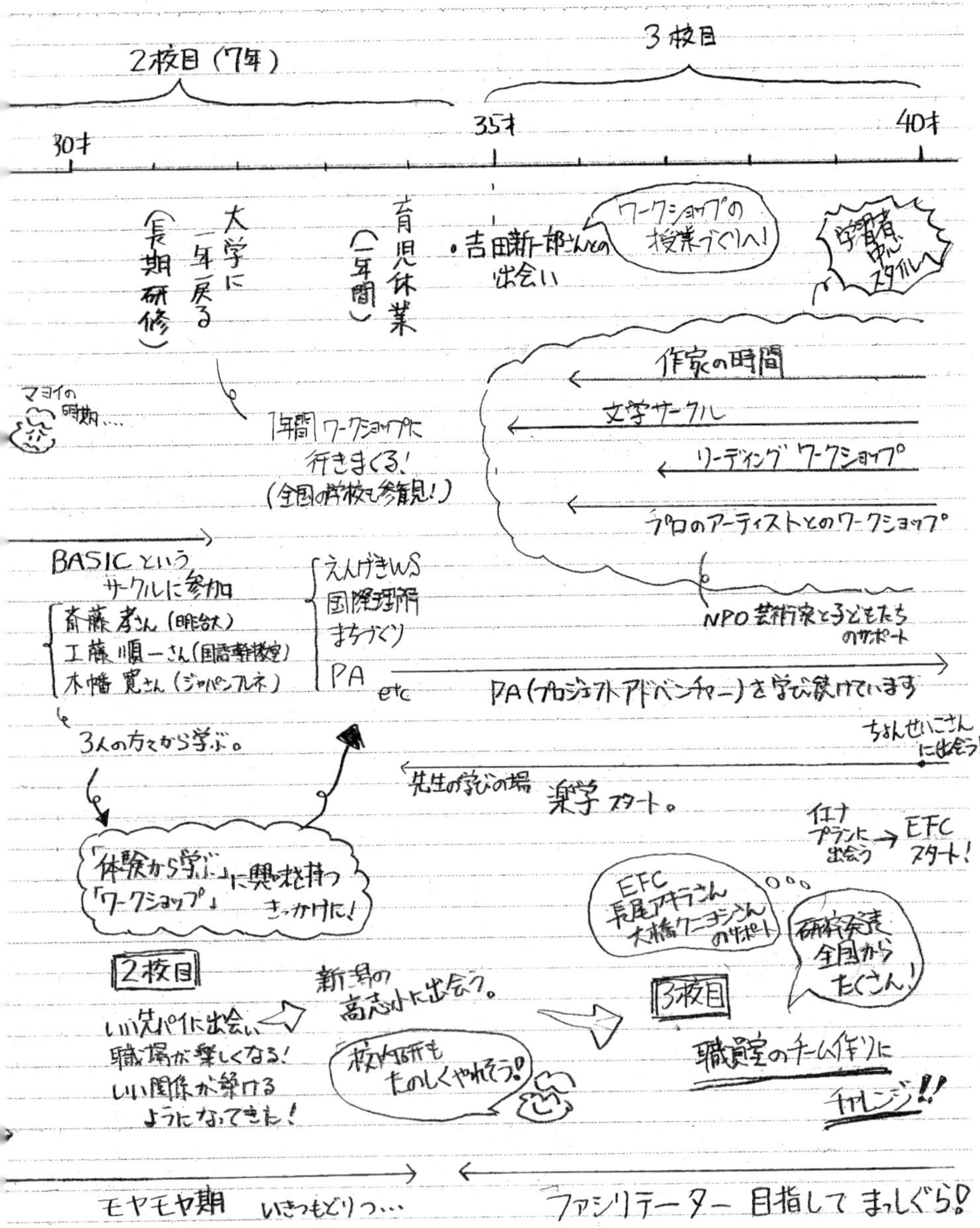
2校目（7年）
3校目
30才
35才
40才
長期研修
大学に一年戻る
育児休業（一年間）
・吉田新一郎さんとの出会い
ワークショップの授業づくりへ！
学習者中心スタイルへ
マヨイの時期……
1年間ワークショップに行きまくる！（全国の学校も参観！）
作家の時間
文学サークル
リーディングワークショップ
プロのアーティストとのワークショップ
NPO芸術家と子どもたちのサポート
BASICというサークルに参加
斎藤孝さん（明治大）
工藤順一さん（国語専科教室）
木幡寛さん（ジャパンフレネ）
3人の方々から学ぶ。
えんげきWS
国際理解
まちづくり
PA
etc
PA（プロジェクトアドベンチャー）を学び続けています
ちょんせいこさんに出会う！
先生の学びの場
楽学スタート。
「体験から学ぶ」「ワークショップ」に興味を持つきっかけに！
佐々木ブランドに出会う → EFCスタート！
EFC 長尾アキラさん 大橋クニヨシさんのサポート
研究発表 全国からたくさん！
2校目
いい先パイに出会い職場が楽しくなる！いい関係が築けるようになってきた！
新潟の高志小に出会う。
校内研もたのしくやれそう！
3校目
職員室のチーム作りにチャレンジ!!
モヤモヤ期 いきつもどりつ…
ファシリテーター目指してまっしぐら！

山あり、谷あり

ボクの先生年表（継続中！）

二十二歳で先生になって、現在三校目。いまのようなスタイルがみえてきたのは、ここ五年くらいなんです

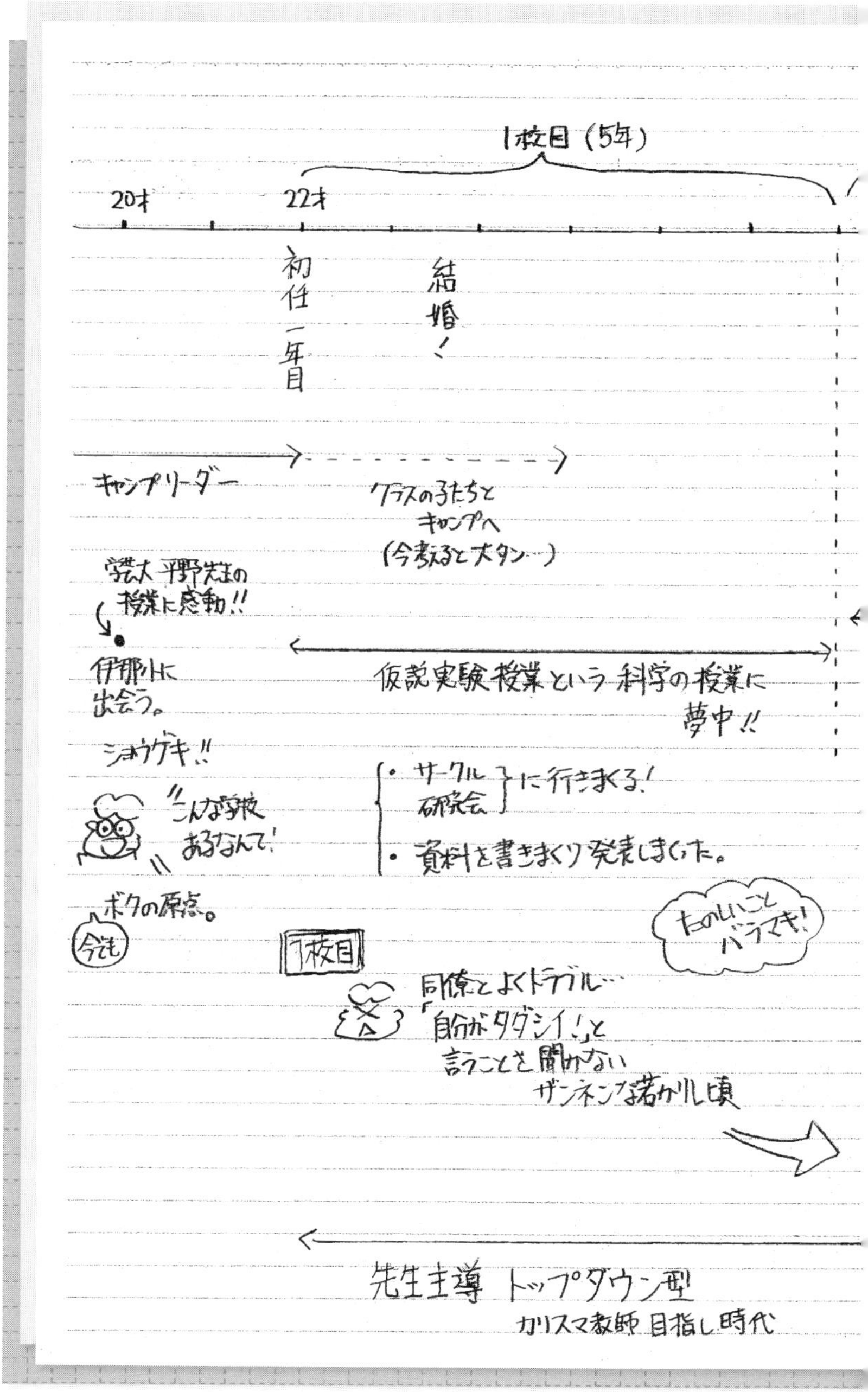

1校目（5年）
20才
22才
初任一年目
結婚！
キャンプリーダー
クラスの子たちとキャンプへ
（今考えると大ヘン…）
学芸大 平野先生の授業に感動!!
伊那小に出会う。
ショウゲキ!!
"こんな学校あるなんて"
ボクの原点。
今でも
仮説実験授業という科学の授業に夢中!!
・サークル
・研究会
に行きまくる！
・資料を書きまくり発表しました。
たのしいことバラマキ！
1校目
同僚とよくトラブル…
「自分がタダシイ！」と
言うことを聞かない
ザンネンな若かりし頃
先生主導 トップダウン型
カリスマ教師目指し時代

先生がファシリテーターになるための　かかわりスキル一〇ヵ条

ここまで読んでいただき、ありがとうございます。みなさんのクラスづくり、子どもたちとの関係づくりに役立てていただけそうなところはあったでしょうか？　最後に、これまでのボクの経験と実践を踏まえて、いま現在、ボクが大切にしていることを、一〇ヵ条にまとめてみました。

第一条　**クラスはチーム！　「一年後にはこうなりたい」**
⇓ワクワクできるゴールを子どもたちと共有する

第二条　**クラスや学びのオーナー（当事者）は子どもたち**
⇓先生もいっしょにゴールをめざすクラスの一員

第三条　**主語はボクたち、私たち**
⇓「やらせる」「させる」ではなく「いっしょにやろう」

第四条　**「心の体力」を温める学びあうプロセスをはぐくむ**
⇓信頼ベースのクラスづくり

第五条
「温める言葉」：「冷やす言葉」＝四：一
⇓コミュニケーションのバランスを心がける

第六条
「好意的な関心の態度」が基本スタンス
⇓それも「相手にとって」が肝心

第七条
体験的な学びを大切にする
⇓まずはあせらず、小さな成功体験を積み重ねる

第八条
承認と共感に支えられた自己選択・自己決定
⇓質問の技で子どもに寄りそう

第九条
失敗もする、感情にも流される
⇓それを大切な糧にしていく

第一〇条
一人でがんばりすぎない　仕事を楽しむ！　学び続ける！
⇓学んで知恵を身につければ、仕事は楽しくラクになる

第一条 クラスはチーム！「一年後にはこうなりたい」

⇓ワクワクできるゴールを子どもたちと共有する

どんな最高のクラスも、最初はただの人の集まりにすぎません。偶然に集まった先生と子どもたちのただの集まり……。クラスは、いっしょにめざすゴール（クラス目標）があるから、一つのチームになります。

ボクは、クラス目標をとても大切にしています。子どもたちといっしょにつくって、必ず教室に貼りだします。そして、いつも意識するようにしています。このゴールをきめるのに最初の一ヵ月の八〇パーセントのエネルギーを注いでいる、といっても大げさではないくらい大切にしています（41ページ参照）。

子どもたちといっしょに、「あんなクラスになったら本当にうれしいなあ！」「三月にそうなっていたいなあ！」とワクワクするゴールを意識しています。

ゴールがきまったら、とくにクラスがはじまったばかりのころは毎日のように子どもたちといっしょにクラス目標を読みます。「今日はどの目標を大事にする？」と子どもたちに相談したり、「どのくらいクラス目標に近づけたかな？」とふりかえるようにする。行事のあとには必ず、「四月はスタート、三月はゴール。だとしたら、いま、クラスはどのくらいまでこれたかな」と子どもたちに聴き、自分たちの「現在の位置」（クラスの成長段階）をいっしょに考えています。

子どもたちも、最初は「ゴールはきめたら終わり」「あとは気にしない」感じなんですが、時間を経るにつれて、少しずつ意識するようになってきて、六月ごろには、「私たちってクラス目標を大事にしているから成長してるんだよね」とか「クラス目標に近づいてきたよね」なんていう言葉が子どもたちから聞こえてくるようになります。（ときにはボクが怒って、「みんながめざしていない目標なんていらない！　こんなのはがして捨てる！」なんていうと、猛抗議にあうことも……。そりゃそうですよね、たいていボクが謝ることになります）。

こんなふうに、なにをやるときも「あそこをめざしてる」ってことが子どもたちの根っこになって共有できてくると、クラスはチームとしてグン！　と前にすすみだします。

でも、ゴールをめざすあまり、シャカリキになったり、ギスギスした関係になるのは本末転倒。運動会も合唱コンクールも勝つことがゴールになると「勝ってよかった」「負けてくやしかった」で終わってしまう。ボクたちのクラスは、勝っても負けても「本気でチャレンジしたよね」「友達と成長しあえたよね」と温かい気持ちになれる感じ。チームでチャレンジすることの楽しさがあります。いきつ戻りつしながら、三月に「このクラスでよかった」とみんなが思えることを少しずつめざします。

第二条　クラスや学びのオーナー（当事者）は子どもたち

⇓先生もいっしょにゴールをめざすクラスの一員

若いころのボクは、「明日は子どもたちをどんなふうによろこばせようか」と毎日、毎日、教材づくりに熱心で、シャカリキになってがんばる先生でした。たしかに楽しい授業はちょっとずつできるようになりました。でも、先生がやればやるほど、子どもたちは受け身になって、先生にまかせるようになってしまっていました。いつもボクがいないとダメ。ボクが指示しないと動かない。音楽などのほかの先生の授業になると、ぜんぜんいうことを聞かない……。

クラスの中心は先生で、子どもはお客さんになってしまう。つくづく、子どもたちの成長の機会を奪ってしまっていたなあと後悔することしきりです。

いまはクラスの主役は子どもたち。そしてボクもその一員。学ぶのは子どもたち。がんばるのは子どもたち。

四月、子どもたちを迎える教室は、まったくの空っぽの状態からスタートします。だって、教室のオーナーは子どもたちだから、ボクが勝手に考えるのではなく、「ボクたちが一年間過ごすクラスをどんなふうにしたい?」と子どもたちと相談してからクラスをスタートしたい。ロッカーのシールや掲示物も子どもたちがつくってくれます。大人がつくったほうがじょうずでキレイかもしれないけど、子どもたちにまかせていくと、ドンドン成長を見せてくれます。ボクの仕事も減るので助かります。

やがて子どもたちは、友達に発信したい情報も、ドンドン自発的にポスターにして掲示しちゃうようになります。たとえば、「掃除のとき、机の上にものがでていて困るので片づけてください」「放課後、いっしょにあそぶ人を募集します」「クラスのパーティーの出しもの募集中!」みたいな感じ。子どもたちの気持ちがそのまま文字になって、教室を温めてくれる感じが、とても微笑ましいし、とても頼もしくて、とてもうれしくなっちゃいます。

子どもたちがクラスや学びのオーナーになって力を発揮する。そんな環境を整えるのがボクたちの仕事だなあと思っています。

第三条　主語はボクたち、私たち

⇒「やらせる」「させる」ではなく「いっしょにやろう」

たとえば、掃除のようすを見にいくとき。「保安官バッチ」（92ページ参照）をつけていると、なんだか見張ってる感じになってしまいます。いつも「ちゃんと掃除をしているのか？」と上から見てしまって、ボクも子どもたちもなんだか息苦しい。そんなときって、自分に飛び込んでくる情報は「掃除をがんばってる子」ではなく「ちゃんとやってない子」ばかり。だから、厳しく「注意・指導」することが多くなってしまいます。

「保安官バッチ」を捨ててしまえば、単純に「ちゃんとやってる子」の情報が飛び込んでくるようになります。「すごいねえ」「キレイになったねえ」「ありがとう」とポジティブなフィードバックをできるようになるし、サボっている子には「こんな掃除の仕方で残念だね」「どうしたらいいと思う？」といっしょに考えられるようになります。

ポイントは「ボクたち」「私たち」が主語であること。

先生が保安官バッチを光らせているときは「あなたたち、ちゃんとしなさい」と言葉をかけるところも、保安官バッチを捨てると「ボクたちでいっしょに考えていこう」になれるんですよね。自分をクラスの外におくのではない。子どもたちを上から見おろすのでもない。いっしょにゴールをめざして歩いているっていう感じになれます。これを積み重ねていくと、子どもたちも「掃除のプロ」（21ページ）に成長し、「すっごい力があるんだなあ」と本当に感動しちゃいます。

いまでは、すっかり使わなくなったボクの「保安官バッチ」ですが、じつはまだコッソリ隠しもってます。たとえば、遠足にいく電車のなかで、子どもたちがはしゃいでほかのお客さんに迷惑をかけそうなときは、「保安官バッチ」をポケットのなかでぐっと握りしめ、「どうしようかなあ」「チラッとだそうかなあ」と悩んだりもします。でも、じつはもうその必要性はなくて。保安官バッチに頼らなくても、みんなでいっしょに考えてきたからこそ、「そこそこ、やれちゃってる」子どもたちの成長した姿に、ほっとしたり、感動したりの毎日です。

そうはいっても、保安官バッチをついだしちゃうこともあるのですが……。

第四条　「心の体力」を温める、学びあうプロセスをはぐくむ

⇒信頼ベースのクラスづくり

体にも体力があるように、どうやら心にも体力があるみたい。「心の体力」はどちらかというと、「ある」「なし」というよりも「温まっている」「冷めている」という温度のような感じです。「心の体力」が温まっていると、ボクたちは自分の力を発揮しやすくなります。いろいろチャレンジしてみるぞ！　というパワーもわいてきます。自分らしく生きやすくなります。

教室が「心の体力」を温める場所であることって、とても大事です。

スタートが冷めているときは、まず、温めるで間違いない。温めすぎかなと思うくらい温め

ても間違いない！　と断言できます。

子どもたちは、「心の体力」が冷めていると、なにをいってもヤル気なさそうに見えたり、逆に注目を浴びたくて反発したりをくりかえしますが、誰だって「大事にされたい」「温まりたい」と思っています。それは大人も子どもも同じです。幸せなことに、ボクたち「先生」は、それができる立場にいます。

子どもたちの「心の体力」を温めるポイントは、いっぱいあります。その気になれば、山ほど見つけることができるし、「タネまき」もせっせとします。

たとえば四月のスタートは、みんなが前向きな気持ちになれる大事な時期。ちょっと心配だなと思う子どもたちにも「荷物を運ぶのを手伝ってくれる？」と声をかけると、ブースカ文句をいいながらも手伝ってくれます。そんな姿にボクの「心の体力」は温まるし、「ありがとう」「助かったよ」「いいクラスをつくろうね」。そんな言葉をかけるチャンスが生まれます。

「心の体力」が温まってくると、クラスでいろんなことがチャレンジできるようになります。子どもたちに「お互いを温めあうサイクル」ができてくると、「失敗を責められない＝安心して成長できるクラス」になります。

そのためには、まずは先生が子どもたちを温めることが大事。温まった子どもたちが、互いを温めあう姿が見えると「クラスのベースが信頼になってきたなあ」と感じます。

第五条 「温める言葉」：「冷やす言葉」＝四：一

⇒コミュニケーションのバランスを心がける

ポジティブな言葉や行動と、ネガティブな言葉や行動が一：一だと、ボクたちは「叱られている」と感じ、四：一のバランスではじめて一：一に感じるそうです。経験上、ボクも「そのくらいだなあ」と実感しています。言葉の力ってすごく大きくて、ボクたちの心を温めたり、冷ましたりします。とても大きな影響力がある。だから、四：一のバランスを心がけることって大事だなと思います。

最近ボクが、子どもたちにいわれてうれしかった言葉は、「このクラスでよかった」「私、すごく変わったんだ」「イワセンはクラスにいらないけど、まだもう少しの間、いるよね」「イワセンは笑っているときが一番いいよね」。日常的には「ありがとう」という言葉。

子どもたちから、ポジティブな言葉をもらうと、シンプルにボクの心は温まります。大人も子どもも同じですよね。でも、たまに「イワセン、キモイ」なんていわれちゃうと心が冷えます。そんなときは、冷静に「ボクだって、キモイとかいわれたら傷つくんだよ。いわないでほしい」と伝えます。子どもたちは「えっ、そうなんだ?」「大人でも傷つくの?」と、なにか新しい発見をしたような顔をしています。つくづく、言葉でちゃんと伝えることは大事だなあと思います。

ボクがうれしいと感じる言葉は、きっと子どもたちもかけてもらうと温まるし、ボクがいわれてイヤな言葉も、きっと子どもたちと同じ。大人どうしも同じですよね。言葉や態度にするのはむずかしいことだけど、しっかりと四：一を心がけて、子どもたちにポジティブな姿勢で接していきたいです。やがて、子どもたちが四を実感できるようになると、とても厳しいネガティブな言葉ですら、「自分の成長を願うゆえの温かい言葉」として届くようになります。言葉や態度って大事です。

これはもしかしたら、同僚とのコミュニケーションや、保護者とのコミュニケーションでも同じかもしれませんね。

第六条　「好意的な関心の態度」が基本スタンス

⇒それも「相手にとって」が肝心

シンプルだけど心がけていることは、子どもの前でいつもご機嫌でいること。先生のニコニコ笑顔がふつうにある状態だと、教室は幸せな空気に包まれます。「ボクは今日も、このクラスにいることがハッピーなんだ」の気持ちを子どもたちに伝える。いつも「好意的な関心の態度」を向けるようにしています。

「好意的な関心の態度」って簡単にいうと、「ボクはあなたを大切に思っていて、あなたの話を大切に聴いていますよ」「みんながいてくれてうれしい」っていう態度。大切なことは「子どもたちに伝わっているかどうか」です。伝わっていなければ、いくら心のなかで大切に思っていても効果はゼロ。（これは恋人どうしや夫婦でも同じかもしれませんね……）。坂本九さんではありませんが、「幸せなら態度で示そうよ♪」です。

先生になって三年目くらいまでは、子どものことをほめるのが苦手で、照れくさくていえない。注意指導の言葉を伝えるほうが簡単な感じでした。だからいっぱい練習をして、ステキな場面を見つけたら、すぐに言葉にして子どもに伝えることを心がけました。練習は大事です。

でも、なんでも笑顔で「ウンウン」と聴くばかりが、「好意的な関心の態度」ではありません。たとえば、子どもどうしのトラブルがあったとき、四月ごろの子どもたちはボクに、イチイチ言いつけにきます。最初は「うんうん。そっか、そっか」「それはイヤだったよねえ」と聴きますが、ボクは、そのあとに必ず「それで、どうしたいの?」と問います。

子どもは「先生に叱ってほしい」といいますが、ボクは「その前に一度、自分でいまの気持ちを伝えてみなよ」といいます。ボクが解決しても仕方がない。これでは、子どもたちが自分たちで問題を解決できるようになりません。

クラスでもめごとが起こったときは「困ったものだ」と思うし、子どもの気持ちを受け止めもするけど、解決するのはボクじゃない。子どもたちのなかに解決の力をはぐくむことが大事。だから「どうしてもダメなら手伝うよ。でも、まずは自分で解決することをがんばってみなよ」というのが、ボクの「好意的な関心の態度」のスタイルの一つ。結果として、子どもたち自身で解決できることが増えて、良好な関係を築く子どもたちを見ていると、これでいいんだなあと思うわけです。

問題が起きたら成長のチャンス。それくらいに思っていて間違いないなあと感じています。

第七条　体験的な学びを大切にする
⇓まずはあせらず、小さな成功体験を積み重ねる

「みんなで丸くなって手をつなごう」と声をかけても、なかなかできない子どもたち。そういう姿ってありますよね。男女で手をつなぐと友達に冷やかされるとか、からかわれるからできない。「この子とはつなぎたくない」という微妙な空気が流れたりもします。

これを「ちゃんと手をつなげ」と先生が怒っても仕方ありません。子どもたちは、手をつなぐと、上述したような、「ある種の危険」にさらされることを体験的に学んでしまっているから、できない。このいまの状態を受け止めることって、すごく大事です。そんなときは、「じゃあ、どうしようかなあ」と、スモールステップ★で学び直すチャンスをつくります。とてもクリエイティブで楽しい学びです。

たとえば、隣の人と一つのハンカチをもってつながる。握手はやめて人差し指の先だけのタッチからはじめて、ドンドン接する部分を増やしながら、最後はノリでハイタッチをしちゃう。少しずつスモールステップを積んでいくと、やがて手をつなぐことへの抵抗が減っていきます。それどころか、ひっぱりあったり、重なりあったりするのが平気になるところまで戻れ、男女まざっての円陣が組めるようになると、クラスの一体感もでてきます。これって、六年生でも十分可能！　です。

ボクのクラスでは、全員で話をするとき、机を移動してみんなでサークルをつくって座って話しあうことが多いです。そんなとき、最初は、子どもたちは自分の好きな子と並んで座ろう

★スモールステップ
中長期的なゴールにたどりつくための小さなステップ。いきなりテストで一〇〇点をとるのはムリだから、まずはいまの点数プラス一〇点をめざす、というようなこと

とします。でも、それでいいんですよね。だって、そのほうが安全だという学びがあるわけだから。でも、ジャンケンゲームをしたり、いろんな人とペアになって話を聴きあう体験を積むうちに、誰とでも楽しく話せることを学んでいきます。もちろんそのプロセスではケンカもたくさんあるけど、それも学びのチャンスにして、ふりかえりを重ねていくと、やがて男女のペアやフレキシブルなグループでの活動ができるようになります。

あせらなくていい。いまはうまくいかなくても、小さな成功体験を積み重ねていけばちゃんとできることを、子どもたちは教えてくれます。

第八条 承認と共感に支えられた自己選択・自己決定

⇓質問の技で子どもに寄りそう

人の話を聴く。言葉にすると簡単だけど、じつはコレがむずかしい。ボクのクラスでは、ホワイトボードを使ったりしながら「オープンクエスチョンで聴く」ことをみんなで練習しています（7ページ）。オープンクエスチョンとは、話し手の内省を深める質問方法。答えが「イエス」か「ノー」にしぼられるクローズドクエスチョンではなく、答えの幅が相手にゆだねられていて、会話をどんどん深められる方法。これをもっているかいないかで、コミュニケーションがまったく変わってきます。

たとえば、クラスでケンカが起きたとき。ブーッとふくれっ面をしている二人を前に、「どうしたの？」と話を切りだしたあとは、オープンクエスチョンでそれぞれの言い分を聴きます。

「というと?」「どんな感じ?」「それで、それで」「そうなんだあ。もう少し詳しく話して」「そっかあ、それはやだよねえ。その次どうなった?」と、聴きすすめれば、ケンカに至るプロセスが、けっこう、ぜんぶわかってきます。「オレはあそんでほしかったのに」「あそぶのはいいけど、〇〇がイヤだった」みたいに、なにが一致して、なにが不一致なのかもクッキリ見えてくる。「じゃあ、どうする?」と具体的な解決策を子どもたちと考えやすくなります。

　子どもの思考プロセスに寄りそって聴けるので、子ども自身が内省を深めることができる。自分で解決策を見つけやすくなる。友達との合意もしやすい。子どもの自己選択・自己決定が促進されます。

　朝の会でも、ペアをつくって「昨日、なにしていた?」というペアトーク★をよくやります。こんなシンプルなテーマなのに、子どもたちがオープンクエスチョンで聴くから話が止まらない。「はい、三分たったよ」と終了の合図を送っても「まだ、時間足りない」「一人しかしゃべってない」と子どもたちがホントに楽しそう。時間があったらいくらでも話しそうな勢いです。それを引きだすオープンクエスチョンの力はスゴイ!（オープンクエスチョンの参考文献『元気になる会議』ちょんせいこ著　解放出版社）

　そして、そのようにしてはぐくまれた「聴きあう」関係性は、クラスを温かく、豊かなものにしてくれます。

★ペアトーク
二人でペアをつくって交代でファシリテーターをしながらオープンクエスチョンで聴きあう

第九条 失敗もする、感情にも流される

⇒それを大切な糧にしていく

先生であるボクも、ちょこちょこ失敗をやらかして、子どもたちに「もう、イワセン、ちゃんとしなよね」と指摘されることが、よくあります。

なかでも、「やっちゃったなあ」とすごく後悔するのは、感情でダーっと怒ってしまったとき。「子どもたち、家でどんな思いして過ごしているかなあ」と思うと申し訳ない気持ちになります。

翌日は、朝、教室にいったら、一番に謝ります。

「昨日、ボクはみんなに対して感情的に怒ってしまってごめんなさい。昨日のあのシーンは、ホントに伝えたかったのはこういうことだったんだ。でも、ついカッとなってしまって、ひどい言い方で、みんなを傷つけてしまったと思う。ホントは冷静に話をして、みんなの話も聴くところだったのに、ごめんなさい。これからは気をつけるので、今回は許してね」と心からていねいに伝えます。

子どもたちの反応はというと、高学年だと「じつはオレたちも頭にきてたんだよね」「いいよ、私たちだって、そんなときもあるし」、中学年くらいだと「いいよ、いいよ」って感じで許してくれます。

性格的にいって、ボクはけっこう失敗をひきずってしまうタイプ、あとから思いだして「ちがう選択肢があったよなあ」と考えてしまうこともあるのだけど、失敗をどう活かすかはとても大事なこと。だからモードを切り替えてリスタートするためにも、自分が悪いと思ったら、

ていねいに謝ったり、なにがよくなかったか、次はどうすればよいかをじっくりふりかえることを大切にしています。

弁解したくなるときもあるけど言い訳はしない。これはチャンスと思って、次の一手に変えてしまう。これは保護者から苦情がきたときも同じです！

第一〇条　一人でがんばりすぎない　仕事を楽しむ！　学び続ける！

⇓学んで知恵を身につければ、仕事は楽しくラクになる

ボクは学び続けています。いまのボクは、一年前のボクとは、ぜんぜんちがっていて、子どもたちとの「よりよい教育」を求めて学び続けている。そのワクワク感が、子どもたちに「よい影響」として伝わっているとうれしいなあと思います。

新しいことを見つけて、チャレンジしていくときは、とてもうれしくて。この気持ちは、子どもたちが新しいことを学ぶときと同じはずだから、「学ぶことは楽しい」「幸せだ」という気持ちを子どもたちと共有し続けたいと思っています。

学校のなかだけにいると、社会のことが見えにくくなりがちです。ちょっと外にでるだけで、思いも寄らない視点や同じように悩む人に出会ったりする。先生としてのモチベーションもあがるし、仲間に出会うと勇気がわいて「自分だけじゃない」と安心もします。なにより、学校のなかだけでは、学びは閉塞してしまいます。ボクは教室と社会はつながっていることを子どもたちにも感じてほしいと思っています。

たしかに毎日はとても忙しくて、そんな時間はないと思われがちですが、学ぶほどにいろんな知恵を身につけて仕事が効率的になっていきます。

わざわざ外にでなくても、同僚の先生方と学びあうだけで、よい意味でずいぶんラクになります。学ぶことでラクになれる、楽しくなる。そしてもっと学びたくなります。

いつもその可能性が開かれていることは、とても幸せなことで、大げさかもしれないけど、ボクは自分が学びのなかで成長し続けることが、地域や社会が変わっていくなにかの一歩になっているという信念があります。

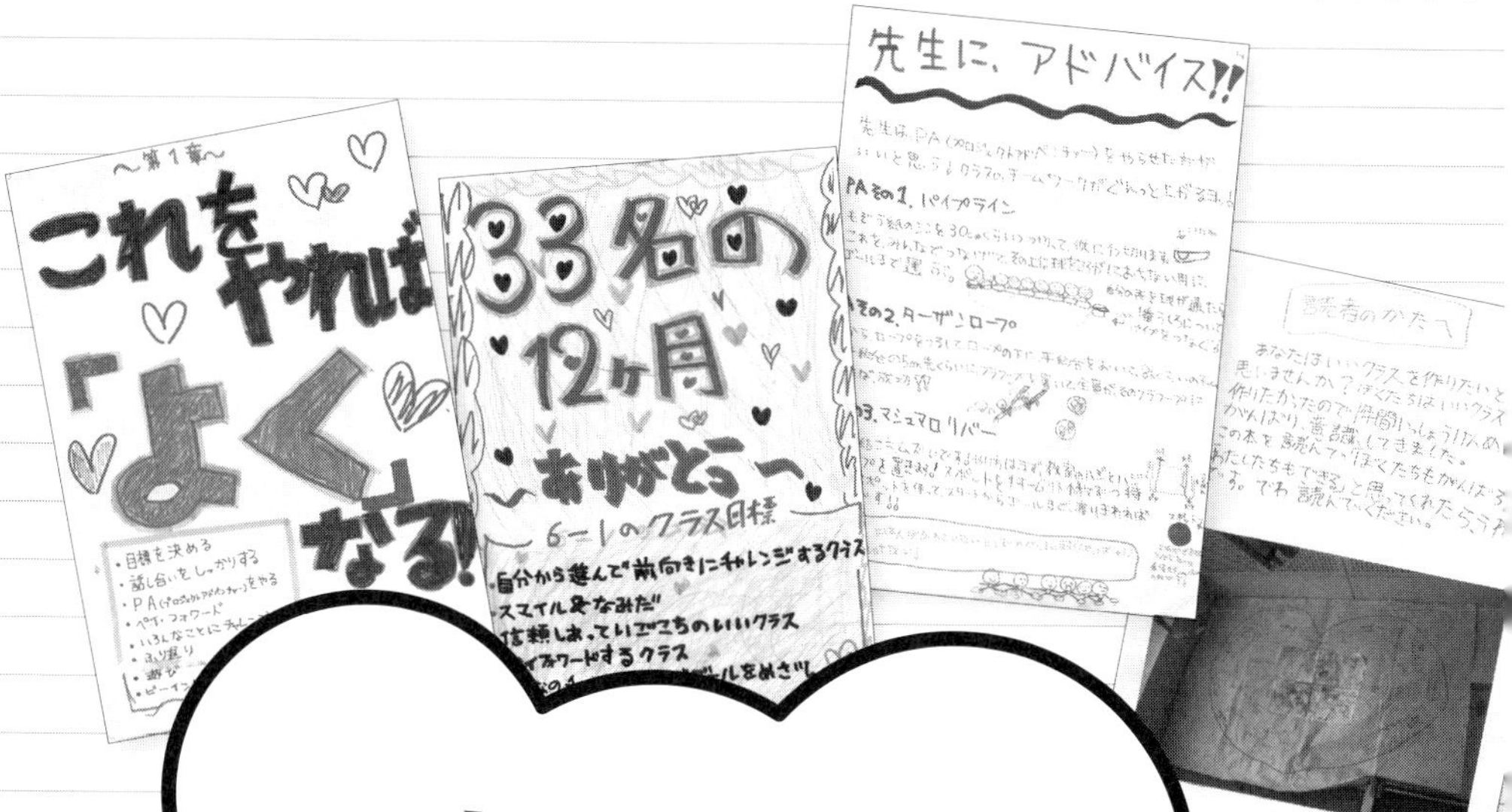

＼子どもたちが考えた／

「クラスづくりの極意」！

6年生が、卒業制作＆「作家の時間」の集大成として、
「最高のクラスをつくるための説明書」を書きました。
子どもたちの声をお聞きください

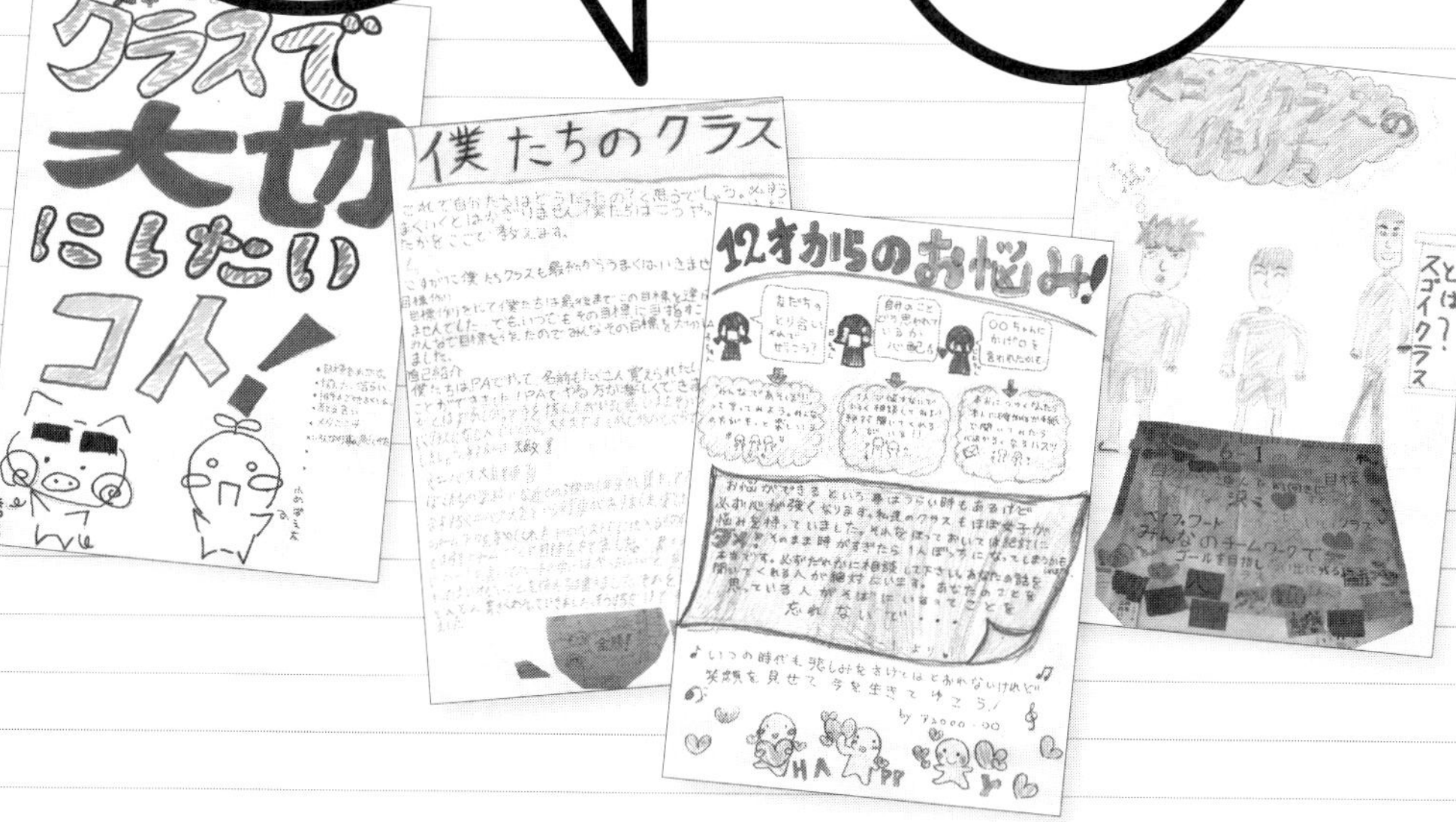

やったほうがいいこと No.1

行事があったり、クラスのはじめとかは、目標をつくったほうがいい。たてた目標を最後にふりかえることが大切。これをやらないと、チームも自分自身も変わらない。描いた目標は、みんなの目がとどくところにはっておくと、いつも意識することができる。

目標を
描くマークは
ハート
がいいかも。

やって気持ちのよいことをハートの内側に、
されたらいやな気持ちになることを
外側に描く。

授業のすすめ方

2人ともチャレンジしたので、「また教えたいなー」「わかんないときは、また教えてもらおう」って気持ちになります。
教えあうときのポイントは「メタニンチ」です。自分より上のほうにカメラがあると思って、わからない人はいないかと見渡し、「ここ大丈夫？」とか聞いたりします。1人になってる人はいないかを見るのです。

教えあいをすると
クラスがハッピー
になります。

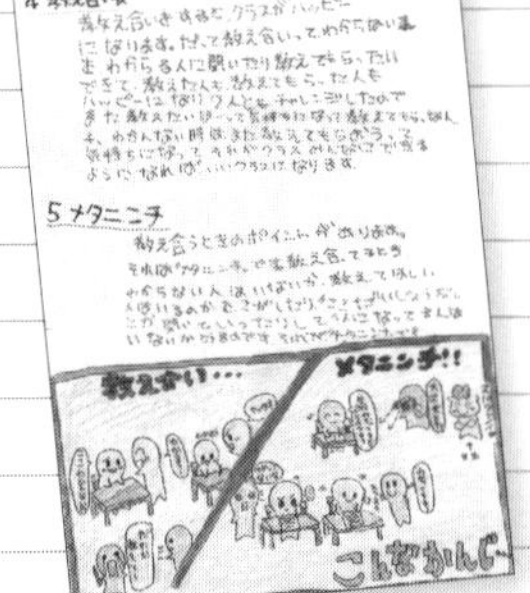

子どもたちの声

文学サークルをやってみて

5年生のときは「いいところ捜査隊」や「つなぎ屋」など、いろいろな種類のものがありましたが、6年生になるとクエスチョナーが主体になって、1つの質問について長く話しあったりしました。

最初は本のことで話しあうなんて無理だと思っていましたが、

だんだんじょうずになってきて

しらけることも少なくなりました。

クラスでトラブルが起こったとき

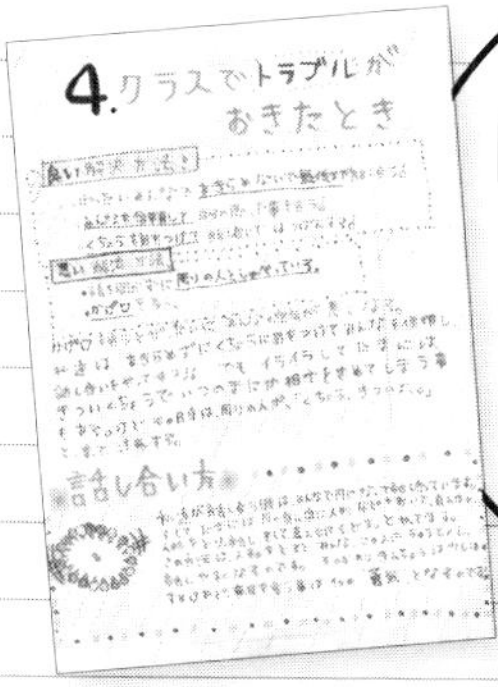

たまには、

円の真ん中に

人形などをおいて、真ん中の人形をとって話したあと、真ん中に戻します。

私たちはあきらめずに口調に気をつけて、みんなを信頼し、話しあいます!!　話しあうときは、みんなで円になって。みんなが注目し、話しやすくなるのです。そのかわり、きんちょうは少しはするけど、意見をいうことは1つの“勇気”となるのです!

PA(プロジェクトアドベンチャー)をやってみて

PAはみんながベストをつくさないとクリアできない。ケンカで泣いた人がいた場合、その問題をみんなで話しあい、解決させます。PAをクリアできるようになると、だんだんクラス目標を意識するようになって、一人ひとりの自己意識が高まりました。

やった当時はあまりうまくいかず、せめる口調をしてしまったりしたけれど、何回もやっていくうちに、

はげます口調に

変わっていきました。

クラスだって1つのチームです。

チームには、いろんな

〈段階〉があります。

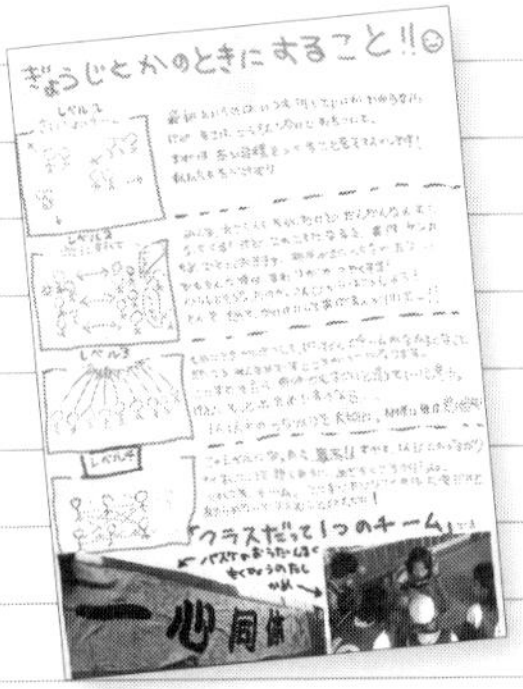

ぎょうじとかのときにすること

〈レベル1〉高い目標をつくる。〈レベル2〉事件、ケンカ、もめごともおきますが、まわりが活躍！　どうしてそうなったか、今度からはこうしよう！　とかをきめて、かいけつしてあげるのがいいよー！　〈レベル3〉みんなめざすところが1つになります。ここまできたらすごい。けど、もっと上をめざすなら……。〈レベル4〉すべて1人ひとりとのつながりがあって、信頼しあえて、めざすところがいっしょ。これこそチーム。

じっさいのせいちょう 合唱集会

曲ぎめでもめた。「平和のかね」か「つばめのように」か。話しあいに5時間。「平和」になったけど、きまったときは、けっこうまとまってた。

れんしゅうでトラブルはっせい！　○○ちゃんがキレた！　みんなが時間を大切にしなくなって、おしゃべりばっかりしてたから……。

そして本番の日。また、もめた。3、4時間目が本番なのに、1時間目練習しなかった。先生は、「時間とってください！」っていわれるのをまってたみたいだけど、みんないわなかった。2時間目がはじまったとき、△△ちゃんが先生にいって、ようやくれんしゅうをはじめた。フツーの歌じゃなかった。気持ちがこもってた。先生がかんどうして泣いた。

ついに本番。クラス全員で円陣をくんだ。「平和のかね」はすばらしー歌声になった。

たぶん、そのときかなー、
円陣組んだころかなー、
もうわたしたちは
〈レベル4〉にいった。
1人ひとりとのつながりが
ちゃんとあった。

子どもたちの声

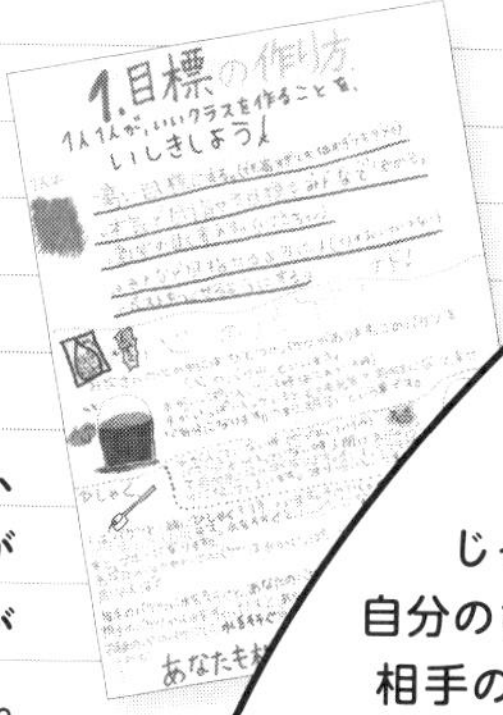

相手のバケツに水を入れよう！

イワセンの言葉。「みなさんの心のなかには、1つのバケツがあります。心のバケツに水がいっぱいになると前向きになります。水が少ないと悲しい気分になってしまいます。みなさんの心のなかには、ひしゃくもあります。それを使って相手のバケツに水をそそぐ（プラスの言葉をいう）とハッピーに、逆にすくいだす（マイナスの言葉をいう）とブルーにさせてしまいます。相手に水をくんであげましょう」。

じっさい
自分のひしゃくで
相手のバケツに
水をたくさんくむと
毎日、毎日、
笑顔で
過ごすことが
できました。

「しずく」をあげてみよう

「しずく」は、心のバケツとつながっています。まず、紙を用意して、しずくを描きます。その日、ありがとう、といいたい人に、そのことを書いて、帰りに渡します。次の日も、ありがとうっていいたい人に渡します。で、昨日もらった人には今日ぜったいに渡すようにします。

もらった人が
「ありがとう」というと、
あげたほうも**ハッピー**になる。
これを続けると
男女も仲よくなるし、
心のバケツに水がいっぱい
たまります。

おわりに

ある年の三月。

「あー来年、先生誰かなあー」。

「オレね、イワセンでもいいけど、ほかの先生でもいいなーって思っているんだ」。

「へえー。どうして?」とボク。

「今年やってきたこと、試してみたいんだよね。どこまで自分たちでできるかなーって。いいクラス、自分たちでつくってみれるんじゃないかなーって思うんだよね」。

ボクのノーミソのなかの記録なので正確な言葉ではありませんが、こんな会話を五年生としました。「おいおい、なんかさみしいじゃないかー!」と思いつつ、じつはこのとき、とてもうれしかったです。子どもたちが、「私には力がある」、と確信をもちはじめている証拠ですから!「それを試してみたい」だなんて、ステキだなあと。

自分自身の力を実感できたとき、人は自信をもって前にすすんでいけます。「私には力がある」ということに確信をもつには、その力を実感する場面が必要です。ボクの子ども時代には、そんな場面がたくさんありました。

地域にまだあそび仲間と、あそびの空間、そしてあそびの時間があり、そのなかでボクたちは、自由に試行錯誤し、あそびのなかで思いっきりいろいろな体験を積み重ねてきました。近所の川にいって、どうやってコイを捕まえようかと作戦を練ったり、秘密基地をつくって、食べものやトランプをもち込んであそんだり。犬を拾ってみんなでこっそり世話したり。時間を忘れて駆け回っていたなあ。ときには怒られ、ときにはケンカし、ときには笑い、ときには涙し……。どれもかけがえのない体験でした。本当に幸せな子ども時代でした。そのなかでたくさんの自己選択・自己決定を繰り返して、ボクらは成長してきました。

いまの子どもたちには、あそび仲間も、あそびの空間も、あそびの時間も、ずいぶん減ってしまったように感じます。起きている時間、友達と過ごす時間のほとんどが学校です。だからこそ、その学校で幸せに過ごしてほしい。いろいろ自由に試行錯誤してほしい。

教室リフォーム、お掃除プロ、会社活動、学びあい、プロジェクトアドベンチャー……。教室のなか、日々の授業のなかで、「やらされる」のではなく、「自己選択・自己決定」をして、楽しみながらチャレンジする！　ときには成功し、ときには失敗し。その失敗も成長の糧にしていく。

そして、日々の暮らしのなかで、たくさんの小さな成功体験を積み重ねていったとき、ある瞬間に、「おお！　自分でやれた！」「私には力がある」と確信できるときがくる。それが本当に重要だなあとボクは思っています。

教室が、学校がそんな場所になるといいなあと思うのです。

本書は農文協の雑誌『食農教育』で連載されていた「常識を疑えば、教室はもっとおもしろくなる！」をもとに、加筆・修正したものです。

学校で当たり前になっていること。その見方をちょっと変えてみると、まだまだ公立の学校には可能性がたくさんある。幸せな子ども時代が過ごせる学校、一人ひとりの力が発揮される学校ができる。ボクはそう確信しています。

学校だからこそできることって、まだまだたくさんあるはず。そして学校は、もっともっとおもしろくなるはずです！

＊

最後に、ちょっと長い謝辞を。

西脇KAIという実践研究のチーム。甲斐崎博史さん。伊垣尚人さん。実践を共有し、刺激しあう、親友でもありライバルでもある、かけがえのないお二人。三人での対話なくして、この本はありませんでした。ボクたちは三人ちがうからおもしろい。公立校の可能性、追求していきましょう。

吉田新一郎さん。プロジェクト・ワークショップのみなさん。吉田新一郎さんとの出会いが、授業のスタイルを変える大きなきっかけになりました。

EFC（エデュケーショナル・フューチャー・センター）のみなさん。長尾彰さん、中川綾さん。長尾さんとの出会いがあって、ボクはファシリテーターを志し、人生が変わりました。ありがとう。

中川さん、本書にもチームゲームを提供してくださいました。子どもたちが幸せになる学校、いっしょにめざしていきましょう。

「楽学」でいっしょに学んできたみなさん。これからも、ともに学んでいきましょうね。

ちょんせいこさん。これからですね。信頼ベースのクラスづくりを発信してきましょう。

勤務校の加藤伸次校長先生。ボクの成長をずっと支えてくださいました。いつも子どもたちの成長を評価し、温かい承認の言葉をかけてくださいました。ありがとうございました。

宮越清校長先生。「岩瀬、いい学校にしてくれよ。頼んだぞ」の一言が、いまのボクを支えてくれています。「信頼」の力をボクに実感させてくださいました。

堀兼小でごいっしょさせていただいた斉藤健さん、家内通好さん、北久美子さん。ステキな先輩。いっしょに研究発表を迎えた日を、つい昨日のことのように思いだします。いままで出会ったたくさんの先生方、そしてなにより、これまで出会ったすべての子どもたち。みなさんとの日々の積み重ねがあったからこそ、ボクはみなさんから学び、成長し続けることができています。

妻のさやか、三人の子どもたち。家庭での幸せな時間がボクの人生を豊かにしてくれています。どうもありがとう。お義父さん、お義母さん。ボクたちをずっとサポートしてくださり、ありがとうございます。ボクの亡き両親にも感謝。この本が届きますように。

農文協の伊藤伸介さんには、『食農教育』の連載時からたいへんお世話になりました。また、イラストレーターの山中正大さんには、ステキなイラストを描いていただきました。ありがとうございました。

＊

「結果としての仕事に働き方の内実が含まれるのなら、「働き方」が変わることによって、世界が変わる可能性もあるのではないか。この世界は一人一人の小さな「仕事」の累積なのだから、世界が変わる方法はどこか余所ではなく、じつは一人一人の手元にある」。

『自分の仕事をつくる』西村佳哲（晶文社）より

＊

ボクたちは、一人ひとり力をもっています。その力が発揮される教室、学校、そして社会をめざして……。ボクはファシリテーターとして、小学校現場でできることを地道に積み重ねていきます。

最後に、この本を読んでくださったあなたに、心から感謝します。ありがとうございました。

二〇一一年二月　岩瀬直樹

参考文献

チームゲーム

「オニミチ」（48ページ）の購入先（1セット 3,000円）
株式会社　アソビジ　http://www.asobusiness.com/goods/index.html

プロジェクトアドベンチャー（49ページ）を知るための本

『学級づくりの困ったに効くクラス活動の技』／小学館
＊ボクのクラスの子が実際に活動しているDVDもついていてわかりやすいです。

『グループのちからを生かす
―プロジェクトアドベンチャー入門　成長を支えるグループづくり』
プロジェクトアドベンチャージャパン 著／C.S.L. 学習評価研究所

『楽しみながら信頼関係を築くゲーム集（ネットワーク双書 ―新しい体験学習）**』**
高久啓吾 著／学事出版

『みんなのPA系ゲーム243』
諸澄敏之　プロジェクトアドベンチャージャパン 著／杏林書院

『対立がちからに』
ウイリアム・J・クレイドラー、リサ・ファーロン他 著
プロジェクトアドベンチャージャパン 訳／みくに出版

『アドベンチャーグループカウンセリングの実践』
ディック・プラウティ他 著　プロジェクトアドベンチャージャパン 訳／みくに出版

文学サークル（79ページ）で使える、おススメの本

1・2年生

『エルマーの冒険』 ルース・スタイルス・ガネット 著／福音館
『ロバのシルベスターとまほうの小石』 ウィリアム・スタイグ 著／評論社

3・4年生

『流れ星におねがい』 森絵都 著／ポプラ社
『マヤの一生』 椋鳩十 著／大日本図書 てのり文庫
『十五少年漂流記』 ジュール・ベルヌ 著／講談社青い鳥文庫
『ライオンと魔女』 C.S.ルイス 著／岩波少年文庫
『大どろぼうホッツェンプロッツ』 オトフリート・プロイスラー 著／偕成社
『トムソーヤの冒険』 マーク・トウェイン 著／偕成社
『白いぼうし』 あまんきみこ 著／ポプラポケット文庫
『ルドルフとイッパイアッテナ』 斉藤洋 著／講談社

5・6年生

『イクバルの闘い』 フランチェスコ・ダダモ 著／鈴木出版
『二分間の冒険』 岡田淳 著／偕成社文庫
『冒険者たち』 斉藤淳夫 著／岩波少年文庫
『モモ』 ミヒャエル・エンデ 著／岩波少年文庫
『テラビシアにかける橋』 キャサリン・パターソン 著／偕成社文庫
『ギヴァー　記憶を注ぐ者』 ロイス・ローリー 著／新評論
『はてしない物語』 ミヒャエル・エンデ 著／岩波少年文庫

＊文学サークルをもっと知りたい方のために。以下の本で「ブッククラブ」として紹介されています。
『リーディング・ワークショップ ―「読む」ことが好きになる教え方・学び方』
ルーシー・カルキンズ 著　吉田新一郎・小坂敦子 訳／新評論
『「読む力」はこうしてつける』 吉田新一郎 著／新評論

参考文献

そのほか、おススメの本

『7つの習慣 ― 成功には原則があった！』
スティーブン・R・コヴィー、ジェームス・スキナー 著／キングベアー出版

『マニャーナの法則 明日できることを今日やるな 』
マーク・フォースター 著／ディスカヴァー21

『作家の時間 ―「書く」ことが好きになる教え方・学び方―【実践編】』
プロジェクトワークショップ編／新評論

『ライティング・ワークショップ』
ラルフ・フレッチャー、ジョアン・ポータルピ、小坂敦子、吉田新一郎 著／新評論

『効果10倍の教える技術』
吉田新一郎 著／PHP新書

『効果10倍の学びの技法』
吉田新一郎、岩瀬直樹 著／PHP新書

『まとまらない意見をまとめる　合意形成の技術』
山路清貴 著／西東社

『シリーズ　明日の教室』
「明日の教室」研究会 著／ぎょうせい

『「考える力」はこうしてつける』
ジェニ・ウィルソン他 著／新評論

『最高のクラスのつくり方』
岩瀬直樹 著／小学館

『子どもの力を引き出す　板書・ノート指導のコツ』
岩瀬直樹、川村卓正 著／ナツメ社

『学校が元気になるファシリテーター入門講座』
ちょんせいこ 著／解放出版社

『元気になる会議』
ちょんせいこ 著／解放出版社

『信頼ベースのクラスをつくる　よくわかる学級ファシリテーション①かかわりスキル編』
ちょんせいこ、岩瀬直樹 著／解放出版社

『「勉強しなさい！」を言わない授業』
西川純 著／東洋館出版社

『オランダの個別教育はなぜ成功したのか イエナプラン教育に学ぶ』
リヒテルズ直子 著／平凡社

『心のなかの幸福のバケツ』
ドナルド・O・クリフトン、トム・ラス 著　高遠裕子 訳／日本経済新聞社

著者紹介

岩瀬直樹　いわせ　なおき

埼玉県狭山市立堀兼小学校教諭。ファシリテーター。学びの寺子屋「楽学」主宰。EFC (Educational Future Center) 理事。西脇 KAI 所属。

信頼ベースのクラスづくりの実践、「読み」「書き」を中心にワークショップを核とした授業づくりに力を入れている。著書に『「信頼ベースのクラスをつくる　よくわかる学級ファシリテーション①～かかわりスキル編』(解放出版社　共著)、『最高のクラスのつくり方』(小学館　子どもたちとの共著)、『作家の時間 ―「書く」ことが好きになる教え方・学び方― 実践編』(新評論　企画・共著)、『効果10倍の学びの技法』(PHP 新書　共著)、『学級づくりの「困った！」に効くクラス活動の技』(小学館、共著) など

「最高のチーム」になる！
クラスづくりの極意
―ぼくら、先生なしでも大丈夫だよ

2011年 3月20日　第1刷発行
2023年 3月10日　第9刷発行

著者　岩瀬直樹

発行所　一般社団法人　農山漁村文化協会
〒335-0022　埼玉県戸田市上戸田2-2-2
TEL　048-233-9351（営業）
048-233-9354（編集）
FAX　048-299-2812
振替　00120-3-144478
URL　https://www.ruralnet.or.jp/

イラスト　山中正大
付録作成　中川綾
付録イラスト　山﨑那菜
写真　矢島江里、岩瀬直樹
デザイン・装丁　根岸幸代

印刷・製本　凸版印刷㈱

＜検印廃止＞
ISBN 978-4-540-10251-6

付録 チームゲーム「てがみち」をやってみよう！

用意するもの

- **ゲームボード…1枚**
- **郵便屋さんの駒…1つ**
- **カード…22枚**

手紙と封筒のカード…手紙5枚、封筒5枚
ヤギのカード…白ヤギ2枚、黒ヤギ2枚
壊れた橋のカード…4枚
強い風のカード…2枚
草のカード…1枚
丸太のカード…1枚

ゲームをはじめる前に

- 郵便屋さんの駒をのりづけし、POST OFFICEにおきます
- カードをすべて混ぜて、駐車場・空き地・畑・森の4つの島に、5〜6枚ずつ重ねずに裏返しにおきます

ルール

- 郵便屋さんの駒は4つの島を、橋を渡って行き来できます
- 行った場所で、カードを1枚だけめくります。1枚めくったら、次は別の島に移動しなければいけません。カードがなくなるまでは、島を通り過ぎることはできません
- 手紙か封筒のカードがでたら、場所を記憶して、もとの位置に伏せておきます
- その他のカードがでたら、〈**カードの意味**〉にある指示に従います
- カードをめくっていき、同じ色の手紙と封筒のありかがわかったら、郵便屋さんの駒をPOST OFFICEに移動して、手紙と封筒のカードを2枚同時にめくります
- 正解だった場合は、手紙と同じ色の家に届けられます。間違いだったら、それぞれのカードがおかれていた島のカードを、シャッフルします

カードの意味

手紙と封筒のカード

同じ色の手紙、もしくは封筒の場所がわかるまで、拾うことができません

強い風のカード

4つの島それぞれでカードをシャッフルします。覚えていたカードが、どこにいったかわからなくなってしまいます

ヤギのカード

橋を1つ選び、そのうえにおきます。ヤギは紙を食べるので、ヤギのいる橋は通れなくなります

草のカード※

ヤギのカードのうえにおくと、ヤギが草を食べて気がそらされるので、その橋は通れるようになります

壊れた橋のカード

橋を1つ選び、そのうえにおきます。壊れた橋は通れなくなります

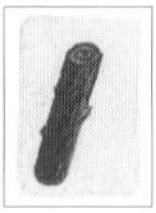

丸太のカード※

壊れた橋のうえにおくと、丸太を橋にして通れるようになります

※「草」と「丸太」のカードをひいたら、手元にとっておき、使いたいときに使います。「草」や「丸太」をおいたら、その橋はずっと通れるようになるのか、1度しか通れないのかは、前もってきめましょう

ルール変更

- 全員が納得したらルールを変えてもかまいません
- **もっと簡単に**…手紙と封筒は、色が同じでなくてもセットにできる　など
- **もっと難しく**…黒いヤギは草を食べない　など
- 白いカードを2枚と白い駒を1つ用意しました。新しいアイテムをつくって自由にあそんでください